LIBRAS

2ª Edição

Revisão técnica:

Joelma Guimarães
*Graduada em Pedagogia — Ênfase Educação Infantil
Especialista em Especialização de Professores
em Alfabetização
Especialista em Administração, Orientação e Supervisão Escolar*

L697   Libras / Carlos Eduardo Lima de Morais... [et al.] ; [revisão
        técnica : Joelma Guimarães]. – 2. ed. – Porto Alegre:
        SAGAH, 2018.

        ISBN 978-85-9502-729-9

        1. Língua brasileira de sinais. I. Morais, Carlos Eduardo
        Lima de.

                                                            CDU 37

Catalogação na publicação: Karin Lorien Menoncin — CRB 10/2147

LIBRAS

2ª Edição

Carlos Eduardo Lima de Morais
Graduado em Ciências Contábeis
Especialista em Educação Especial Inclusiva, em Docência do Ensino Superior e em Libras — Língua Brasileira de Sinais
MBA em Administração e Logística

Rejane Regina Koltz Plinski
Graduada em Letras
Especialista em Ensino da Língua Portuguesa
Especialista em Educação para Surdos
Especialista em Gestão em Educação Escolar

Gabriel Pigozzo Tanus Cherp Martins
Graduado em Geografia
Especialista em Técnica Assistiva, Comunicação Alternativa e Libras
Especialista em Libras - Tradução, Interpretação e Docência
Mestre em Diversidade e Inclusão

Deise Maria Szulczewski
Graduada em Pedagogia - Educação Especial
Mestre em Educação

Porto Alegre
2018

© SAGAH EDUCAÇÃO S.A., 2018

Gerente editorial: *Arysinha Affonso*

Colaboraram nesta edição:
Editora: *Marina Leivas Waquil*
Capa: *Cíntia Garcia*
Capa: *Paola Manica | Brand&Book*
Editoração: *Kaéle Finalizando Ideias*

Importante

Os *links* para *sites* da *Web* fornecidos neste livro foram todos testados, e seu funcionamento foi comprovado no momento da publicação do material. No entanto, a rede é extremamente dinâmica; suas páginas estão constantemente mudando de local e conteúdo. Assim, os editores declaram não ter qualquer responsabilidade sobre qualidade, precisão ou integralidade das informações referidas em tais *links*.

Reservados todos os direitos de publicação à
SAGAH EDUCAÇÃO S.A., uma empresa do GRUPO A EDUCAÇÃO S.A.

Rua Ernesto Alves, 150 – Bairro Floresta
90220-190 – Porto Alegre – RS
Fone: (51) 3027-7000

SAC 0800 703-3444 – www.grupoa.com.br

É proibida a duplicação ou reprodução deste volume, no todo ou em parte, sob quaisquer formas ou por quaisquer meios (eletrônico, mecânico, gravação, fotocópia, distribuição na Web e outros), sem permissão expressa da Editora.

IMPRESSO NO BRASIL
PRINTED IN BRAZIL

APRESENTAÇÃO

A recente evolução das tecnologias digitais e a consolidação da internet modificaram tanto as relações na sociedade quanto as noções de espaço e tempo. Se antes levávamos dias ou até semanas para saber de acontecimentos e eventos distantes, hoje temos a informação de maneira quase instantânea. Essa realidade possibilita a ampliação do conhecimento. No entanto, é necessário pensar cada vez mais em formas de aproximar os estudantes de conteúdos relevantes e de qualidade. Assim, para atender às necessidades tanto dos alunos de graduação quanto das instituições de ensino, desenvolvemos livros que buscam essa aproximação por meio de uma linguagem dialógica e de uma abordagem didática e funcional, e que apresentam os principais conceitos dos temas propostos em cada capítulo de maneira simples e concisa.

Nestes livros, foram desenvolvidas seções de discussão para reflexão, de maneira a complementar o aprendizado do aluno, além de exemplos e dicas que facilitam o entendimento sobre o tema a ser estudado.

Ao iniciar um capítulo, você, leitor, será apresentado aos objetivos de aprendizagem e às habilidades a serem desenvolvidas no capítulo, seguidos da introdução e dos conceitos básicos para que você possa dar continuidade à leitura.

Ao longo do livro, você vai encontrar hipertextos que lhe auxiliarão no processo de compreensão do tema. Esses hipertextos estão classificados como:

Saiba mais

Traz dicas e informações extras sobre o assunto tratado na seção.

Fique atento

Alerta sobre alguma informação não explicitada no texto ou acrescenta dados sobre determinado assunto.

Exemplo

Mostra um exemplo sobre o tema estudado, para que você possa compreendê-lo de maneira mais eficaz.

Link

Indica, por meio de *links*, informações complementares que você encontra na Web.

https://sagah.com.br/

Todas essas facilidades vão contribuir para um ambiente de aprendizagem dinâmico e produtivo, conectando alunos e professores no processo do conhecimento.

Bons estudos!

PREFÁCIO

A língua brasileira de sinais (Libras) é um modo de comunicação humana garantido por lei e compreendido a partir de um contexto histórico-social de reconhecimento dessa como a língua natural dos surdos. Apresentada de forma visual-espacial, transcende a simples representação gestual da língua portuguesa, sendo adquirida naturalmente por meio da interação entre pares. Ou seja, a Libras tem um papel fundamental na comunicação e na interação social dos sujeitos surdos. Nesse sentido, é importante destacar que a língua de sinais não é universal e que cada país tem a sua, com uma estrutura gramatical independente, de acordo com a representação de cada cultura.

O objetivo deste livro é apresentar de forma clara e contextualizada a compreensão teórica e prática da Libras, ampliando os estudos sobre seu contexto histórico e cultural, bem como as questões legais que envolvem a língua natural da comunidade surda brasileira.

Você terá a oportunidade de compreender o processo de construção da identidade surda com base em distintas formas estruturais das línguas oral-auditiva e gesto-visual. Além disso, complementará seu aprendizado a partir do reconhecimento das políticas de inclusão e de educação bilíngue para os sujeitos surdos e dos avanços e desafios da educação de surdos na atualidade.

SUMÁRIO

Unidade 1

Língua brasileira de sinais: uma conquista histórica 11
Carlos Eduardo Lima de Morais

Evolução histórica do movimento surdo pelo mundo e no Brasil 12

Ganho de *status versus* falta de *corpus* 17

O que nos espera daqui para a frente? 19

História da educação de surdos 23
Rejane Regina Koltz Plinski

A história da língua brasileira de sinais 24

Metodologia oralista 25

Comunicação total 26

Bilinguismo 26

Unidade 2

Surdez: conceitos, causas e políticas de prevenção 31
Carlos Eduardo Lima de Morais

A audição e o funcionamento auditivo 32

Tipos de surdez 33

Formas de prevenção, diagnóstico e tratamento 34

Políticas de inclusão *versus* educação bilíngue 39
Carlos Eduardo Lima de Morais

Políticas de inclusão para os sujeitos surdos 39

Educação bilíngue para surdos 47

Bilinguismo 55
Gabriel Pigozzo Tanus Cherp Martins

Bilinguismo: conceitos e orientações pedagógicas 56

Questões culturais, identitárias e bilinguismo 59

Práticas discursivas 61

Unidade 3

Estágios de interlíngua na aprendizagem da língua brasileira de sinais 67
Carlos Eduardo Lima de Morais

Interlíngua — caracterização, semelhanças, interferência e fossilização 67
Os estágios de interlíngua na aprendizagem da língua brasileira de sinais 68
Escrita de sinais como recurso para aquisição da língua brasileira de sinais 75

Língua brasileira de sinais — aspectos linguísticos e gramaticais 83
Carlos Eduardo Lima de Morais

Aspectos linguísticos 83
Parâmetros das línguas de sinais 87
Aspectos gramaticais 93

Escrita de sinais 109
Deise Maria Szulczewski

O processo histórico da escrita de sinais 109
As principais configurações da escrita de sinais 115
Os processos de aquisição da escrita de sinais pela criança surda 120

Unidade 4

Comunidade, cultura e identidade surda 127
Rejane Regina Koltz Plinski

A cultura surda 127
A identidade surda 129
A comunidade surda e a ouvinte 131

Libras como língua natural e português como segunda língua 137
Carlos Eduardo Lima de Morais

Os surdos e as experiências visuais 137
As diferenças educacionais para a aquisição de L1 (Libras) e de L2 (português) 143
As formas distintas de aquisição da linguagem pela criança surda 146

Aquisição e desenvolvimento da linguagem para crianças surdas 153
Carlos Eduardo Lima de Morais

O desenvolvimento da linguagem por crianças surdas e por crianças ouvintes:
as relações entre o behaviorismo e o conexionismo 154
A aquisição e o desenvolvimento da linguagem da criança surda:
da importância do acesso à língua de sinais precocemente 160
A privação linguística e as problemáticas no ensino e aprendizado
do português como L2 para crianças surdas 163

UNIDADE 1

Língua brasileira de sinais: uma conquista histórica

Objetivos de aprendizagem

Ao final deste texto, você deve apresentar os seguintes aprendizados:

- Interpretar os marcos históricos da língua brasileira de sinais (Libras) como um meio legal de comunicação e expressão.
- Reconhecer que a língua brasileira de sinais não é a simples representação gestual da língua portuguesa e, por isso, foi reconhecida como uma língua natural e independente.
- Analisar as mudanças ocorridas após o reconhecimento da Libras como língua natural da comunidade surda brasileira.

Introdução

A língua brasileira de sinais, ou Libras, é um idioma gesto-visual utilizado pela comunidade surda brasileira. Quando falamos sobre línguas de sinais em um contexto histórico, certamente encontraremos pessoas que dirão que elas existem há muito tempo, inclusive, que já existiam antes mesmo da criação de sistemas linguísticos que usam sons como forma de comunicação. Por muito tempo e ainda hoje, após o reconhecimento da Libras como meio de comunicação e expressão da comunidade surda brasileira, encontramos pessoas que acreditam que as línguas de sinais são apenas gestos ou mímicas e que copiam as palavras e expressões da língua oral-auditiva (português), mas isso não é verdade.

Neste capítulo, você verá como foi a trajetória que culminou no reconhecimento da Libras como língua e as alterações sociais em decorrência dessa mudança de *status* linguístico.

Evolução histórica do movimento surdo pelo mundo e no Brasil

Para entendermos a importância da língua de brasileira de sinais (Libras), precisamos, primeiramente, conhecer um pouco sobre a evolução histórica das línguas de sinais como um todo pelo tempo.

Sabemos que a Libras é uma língua completa, que possui estrutura linguística igual a outras línguas orais. A grande diferença está na forma de perceber as informações, pois, no caso da Libras, é por meio da visão e produzida pelos movimentos do corpo, em especial, com o uso das mãos.

Historicamente, não temos como saber quando a forma de comunicação gestual começou, se foi durante o período dos homens da caverna, quando a comunicação falada ainda não tinha surgido e os gestos e pequenos sons eram o único meio de comunicação existente. Com o tempo, os pequenos grupos de humanos foram evoluindo intelectualmente e percebendo que ficar em lugares altos era uma garantia de sobrevivência, principalmente à noite. Devido a isso, se alguma forma de comunicação por gestos era usada nessa época, ela praticamente se extinguiu quando esses grupos começaram a subir em árvores, já que necessitavam das mãos para se segurarem, o que evitava que caíssem e fossem devorados por um predador. Nesse ponto, a comunicação falada pode ter tido seu momento de avanço, pois permitia que as mãos fossem usadas para segurar-se nas árvores e, quando no chão (caminhando), permitia que se carregasse os alimentos e outras coisas.

Além disso, a comunicação por meio de gestos não era possível durante a noite (lembrando que, nessa época, a eletricidade não existia). Por isso, à noite, era impraticável qualquer tipo de sinalização, prevalecendo os avisos por meio de sons.

De acordo com Silva (2002 apud PETTER, 2004, p. 11–23),

> A linguagem humana, em relação – por exemplo – à linguagem animal, se diferencia por ser essencialmente dialógica, ou seja, diferente das abelhas que, ao informar umas às outras o lugar onde estão as flores, recebem como resposta um comportamento; os humanos, quando se comunicam, podem receber como resposta outra informação veiculada por meio da língua. Além disso, no caso das abelhas, a comunicação se restringe ao alimento; já para os humanos, as línguas oferecem possibilidades de se falar dos mais variados assuntos. Essas duas características das línguas humanas – serem dialógicas e oferecerem recursos para se tratar dos mais diversos assuntos – são também encontradas nas línguas de sinais.

Avançando um pouco no contexto histórico, há relatos de monges que, ao fazerem voto de silêncio, criaram uma série de gestos e sinais para se comunicarem. Portanto, pode ser que a partir dessa situação tenha surgido o estímulo para o uso de línguas de sinais. Contudo, é de convir que provavelmente pessoas surdas sempre existiram e, por isso, alguma forma de comunicação rudimentar era utilizada com esses indivíduos. Resumidamente, não há registro histórico que aponte onde e quando a forma básica do que viriam a ser as línguas de sinais surgiu, mas uma coisa é certa: a comunidade surda agradece por ela ter sido criada.

- **Antiguidade:** na Grécia antiga, a sociedade acreditava que os surdos tinham alguma deficiência mental e, por isso, não tinham direitos legais e, em muitas situações, eram condenados à morte. As pessoas cegas eram consideradas mais inteligentes que as surdas, porque a audição era considerada uma condição para que as pessoas fossem ensinadas. O desenvolvimento da linguagem levava ao pensamento e à condição humana; porém, como o surdo não conseguia se expressar falando, então, consequentemente não pensava e não era humano. Em Roma, no ano de 528 a.C., era negado ao surdo realizar contratos, casar e receber heranças.
- **Idade Média:** as restrições que o sujeito surdo recebia se mantiveram até meados do século XV, quando ele ainda era considerado um ser primitivo, que não poderia ser educado e que não tinha direitos assegurados. No século XVI, o surdo só teria direito à herança se aprendesse a falar.
- **Idade Contemporânea:** nessa época, Ponce de Léon construiu um trabalho para a educação de surdos, servindo de referência para outros educadores que vieram depois. Ele utilizava em sua metodologia basicamente a datilologia, a escrita e a oralização. Alguns educadores defendem o uso da língua de sinais, sendo um deles Charles-Michel de l'Epée, considerado um dos primeiros defensores da língua de sinais. Ele fundou, no século XVIII, no ano de 1799, o Instituto Nacional de Surdos em Paris, conhecido com a primeira escola de surdos do mundo, e desenvolveu várias pesquisas a respeito da língua de sinais. Em 1817, Thomas Gallaudet e Laurent Clerk fundaram a primeira escola americana para surdos. Em 1869, já existiam mais de 30 escolas para surdos nos EUA. Nessa época, houve um período de grande turbulência para o sujeito surdo, pois o uso da língua de sinais começou a perder a força. Para Grahan Bell, que era defensor do oralismo, o surdo não deveria se reunir em uma sociedade de surdos, pois isso o impediria de integrar-se à sociedade de ouvintes.
- **Congresso de Milão:** toda a pressão e hegemonia ouvintista acabou culminando no Congresso de Milão, quando se proibiu o uso da língua de sinais no mundo inteiro por um período de quase 100 anos. Havia o consenso, entre a maioria ouvinte, de que a fala era a expressão da alma ou uma dádiva divina e, sem poder se comunicar por meio da língua falada,

o sujeito surdo não poderia se integrar em sociedade e se arrepender de seus pecados, por exemplo.

As decisões tomadas no Congresso de Milão influenciaram todo o mundo, impactando principalmente a Europa e a América Latina. Os EUA foi um dos países não signatários do acordo.

Algumas definições que foram acordadas:

- superioridade da fala sobre o uso de sinais, visando à reintegração dos surdos na vida social;
- a metodologia oral pura deve ser utilizada, porque o uso simultâneo de sinais e da fala atrapalham o desenvolvimento da fala, da leitura oral e a formação de ideia;
- oralismo puro domina toda a Europa e os professores surdos são demitidos das escolas;
- desmonte das comunidades surdas.

Atualmente, no século XXI, tivemos vários relatos do insucesso do oralismo pelo mundo, e os surdos não passaram a utilizar a língua falada como os ouvintes. Por causa disso, eles também não conseguiam emprego e dependiam constantemente de suas famílias. Aqueles que não evoluíam no modelo oralista eram considerados pessoas com deficiência intelectual.

Os surdos não tinham o poder de decidir o que era melhor para eles e, constantemente, curvavam-se diante daqueles que tinham o poder de decisão em suas mãos. Mesmo a língua de sinais sendo proibida, ela continuou sendo utilizada escondida; o que a manteve viva. O Quadro 1 apresenta um resumo da história da Libras no Brasil.

Quadro 1. História da Libras no Brasil

Ano	Acontecimento
1857	Foi fundada a primeira escola de surdos do Brasil, conhecida como Instituto Nacional de Educação de Surdos (INES).
1902/1912	Tivemos a comercialização dos primeiros aparelhos de surdez.
1960	William Stokoe fez o primeiro estudo linguístico sobre língua de sinais utilizada nos Estados Unidos (*American Sign Language* – ASL).

(Continua)

(Continuação)

Quadro 1. História da Libras no Brasil

Ano	Acontecimento
1978	Ocorreu o III Congresso Internacional (Gallaudet): foram divulgadas ideias da comunicação total (conhecida no Brasil como português sinalizado), influenciando diversos países.
1980	Nas décadas de 1970 e 1980, os surdos iniciaram movimentos exigindo mais direitos e surgiu o termo *deaf power* (poder surdo).
1987	É criada a Federação Nacional de Educação e Integração de Surdos — FENEIS.
1991	A Libras foi reconhecida oficialmente pelo governo do estado de Minas Gerais.
1994	É feita a declaração de Salamanca (documento extremamente importante no contexto da inclusão social, pois trata dos princípios, das políticas e das práticas em educação especial).
1995	É criado um comitê de luta pela oficialização da língua de sinais (Libras).
2002	A Libras é oficializada pela Lei n°. 10.436. Ganha o *status* de língua por meio da referida lei. A partir disso, instituições públicas devem ofertar acessibilidade em língua de sinais em eventos e pronunciamentos. Os sistemas educacionais passaram a ter a opção de ofertar educação bilíngue, na qual a Libras fosse a língua de ensino.
2005	O Decreto n°. 5.626, que regulamenta a Lei n°. 10.436, considera pessoa surda aquela que, por ter perda auditiva, compreende e interage com o mundo por meio de experiências visuais, manifestando sua cultura principalmente pelo uso da Libras. Também, oficializa a Libras como disciplina curricular obrigatória nos cursos de formação de professores para o exercício do magistério, em nível médio e superior, e nos cursos de fonoaudiologia. Expõe os requisitos para a formação de professores e instrutores de Libras, cria o PROLIBRAS (Programa Nacional para a Certificação de Proficiência no Uso e Ensino da Língua Brasileira de Sinais — Libras — e para a Certificação de Proficiência em Tradução e Interpretação da Libras/Língua Portuguesa), dentre outras garantias.
2006	O MEC cria o primeiro curso de licenciatura em Letras/Libras e o primeiro curso de bacharelado em Letras/Libras (tradutor/intérprete).

(Continua)

(Continuação)

Quadro 1. História da Libras no Brasil

Ano	Acontecimento
2010	A Lei nº. 12.319, de 1º de setembro de 2010, regulamenta a profissão de tradutor e intérprete de Libras. Também, aborda sobre os novos exames do PROLIBRAS a serem realizados até ano de 2015 e sobre a formação do tradutor e intérprete de língua de sinais.
2011	O Decreto nº. 7.611, de 17 de novembro de 2011, dispõe sobre a educação especial, o atendimento educacional especializado e dá outras providências. Também, foca nas diretrizes para a elaboração de materiais didáticos no contexto da educação especial.
2014	No dia 24 de abril, é celebrado o dia nacional da língua brasileira de sinais (Libras), oficializado pela Lei nº. 13.055, em 22 de dezembro de 2014; a data comemorativa foi prevista no projeto de lei (PL 6.428/09) de autoria do deputado Eduardo Barbosa (PSDB-MG). O dia 24 de abril foi escolhido porque é a data da publicação da Lei 10.436/02, que trata sobre a Libras. O PL nº. 6.428/09 atendeu à reivindicação da Federação Nacional de Educação e Integração dos Surdos (FENEIS), instituição dedicada à causa das pessoas surdas do Brasil, como parte da luta pelo reconhecimento e definitiva implantação da Libras.
2017	Pela primeira vez, estudantes surdos puderam ter acesso a vídeos com as questões do Enem traduzidas para a Libras. O Instituto Nacional de Estudos e Pesquisas Educacionais Anísio Teixeira (INEP) disponibilizou salas adaptadas e os participantes puderam escolher, na inscrição, se desejariam participar da aplicação. Os estudantes que optaram pela tradução pelo vídeo também tiveram acesso a um tradutor por dupla de candidatos, que podia apenas esclarecer dúvidas pontuais de vocabulário. O preenchimento do cartão de respostas foi realizado normalmente pelo sujeito surdo. A disponibilização do vídeo foi feita em caráter experimental. A tradução integral do exame para Libras é demanda antiga, sobretudo daqueles que não são inicialmente alfabetizados em português e, pelo menos desde 2014, é discutida no INEP.

(Continua)

(Continuação)

Quadro 1. História da Libras no Brasil

Ano	Acontecimento
2018	O curso de pedagogia bilíngue na modalidade a distância (EaD) foi concebido dentro do "Plano Nacional dos Direitos da Pessoal com Deficiência – Viver sem Limites". A responsabilidade pela implementação do projeto é do Instituto Nacional de Educação de Surdos (INES), assumida a partir de um convite do Ministério da Educação (MEC). Em dezembro de 2017, o curso venceu o Reimagine Education 2018, prêmio que é considerado o "Oscar" da educação mundial. Além de conquistar o primeiro lugar na categoria "Educação híbrida", o curso é ofertado misturando as duas modalidades: on-line e presencial; o projeto brasileiro alcançou a primeira colocação na categoria geral, com a proposta mais inovadora nas áreas de tecnologia e educação do mundo.

Saiba mais

Para saber mais sobre como foi a prova em vídeo disponibilizada no Enem e sobre a polêmica do tema da redação "Desafios para a formação educacional de surdos no Brasil", acesse a matéria no link ou código a seguir.

https://goo.gl/q1KF9H

Ganho de *status versus* falta de *corpus*

A partir de 2002, a Libras ganhou *status* de língua. Contudo, ao fazermos uma analogia com outros países, vemos que o reconhecimento nem sempre é necessário. A constituição dos EUA não menciona a língua oficial do país como sendo o inglês, mas, como a carta ou declaração foi escrita em inglês, fica subtendido que, na época em que ela foi lavrada, o inglês era a língua oficial do país.

Se o inglês falado não é oficializado, a Língua de Sinais Americana (LSA) também não, e, nesse ponto, foi algo muito benéfico para a LSA, já que ela não precisou de legislação específica para ser considerada uma língua e ambas podem ser colocadas no mesmo patamar linguístico. Obviamente, o inglês falado é muito mais reconhecido entre os falantes, mas o *status* das duas se equivale no contexto linguístico (não existe uma que seja superior à outra).

Em contrapartida, a situação da Libras foi um pouco mais complicada, visto que nossa Constituição Federal de 1988 especifica que a única língua oficial do país é a língua portuguesa. Nesse ponto, a Libras teve uma enorme desvantagem por longos 14 anos (1988 até 2002), pois, durante esse tempo, não era considerada como uma língua. A partir da Lei nº. 10.436/02, o *status* linguístico da Libras foi reconhecido; contudo, ela ainda não é considerada uma língua oficial do nosso país. Somente o português é considerada como língua oficial no Brasil e, apesar do reconhecimento e oficialização como língua, a Libras, assim como as línguas faladas por comunidades de imigrantes e tribos indígenas, não é considerada como língua oficial do Brasil, assim como a ASL poderia ser considerada nos EUA (desde que tivesse *quórum* para tal).

Outro ponto importante de ser mencionado é que apesar do reconhecimento da Libras como língua, o que remete a *status*, ainda assim ela possui carência de *corpus* (palavras que compõem o vocabulário de um idioma). Pense o seguinte: uma língua como o português não tem problema de *corpus* (vocabulário), visto que nosso dicionário tem aproximadamente 260 mil palavras, abordando ou falando sobre todo o tipo de coisa (química, física, biologia, filosofia, história, etc.). Isso significa que independentemente do contexto da conversa, o português dá conta. No caso das língua de sinais, isso não acontece com tanta naturalidade, pois existe a problemática da falta ou existência mínima de *corpus* para algumas áreas específicas (química, física, mecatrônica, metrologia industrial, entre outras). Devido a isso, um dos objetivos que a comunidade surda brasileira tem atualmente é a criação de *corpus* que torne a Libras mais acessível a diferentes contextos comunicacionais.

 Fique atento

Vamos repassar algumas informações importantes:

1. A Libras foi reconhecida como língua a partir de 2002, o que fez seu *status* linguístico aumentar em toda a sociedade. Contudo, a Libras não é uma língua oficial do nosso país. O português é a única língua oficial prevista em nossa Constituição Federal.
2. A falta de *corpus* em algumas situações não significa que as línguas de sinais, em específico a Libras, tenham limitações para passar informações ou até mesmo para fluir uma conversa. Ao conversar com um sujeito surdo, o que pode acontecer devido à falta de corpus, é a pessoa ter que usar muita datilologia de palavras na

> falta de sinais ou ter que explicar o conceito da palavra "x" para que a ideia seja assimilada pelo surdo. Isto é, a falta de *corpus* limita a Libras em determinados contextos e assuntos, contudo, não a diminui seu *status* linguístico como língua. Apesar de a Libras usar empréstimos linguísticos do português em muitas situações, ainda assim, tem suas particularidades que a tornam uma língua natural e independente de outras, apesar de sofrer influências de outras línguas orais ou de sinais (mas, qual língua não sofre disso?). Isso significa que o aumento de *corpus* é algo necessário e que iria ajudar enormemente a Libras. Contudo, mesmo que isso ainda demore a ser alcançado, não a diminui em seu *status* e capacidade comunicativa de forma alguma.

O que nos espera daqui para a frente?

Atualmente, temos uma estagnação na formulação de leis que dizem respeito a melhorias e conquistas exigidas pelo movimento surdo.

> Será que a comunidade surda já conquistou tudo o que podia e precisava?

Não. Ainda existem direitos que devem ser conquistados, como: a obrigação de os cinemas ofertarem sessões para filmes nacionais e/ou infantis com legenda; expansão da acessibilidade em Libras ou pelo uso da legenda para outros espaços sociais (teatros, shows, estabelecimentos comerciais, congressos, seminários, entre outros); aumento de *corpus*; ampliação do número de escolas bilíngues ou escolas polos, principalmente para surdos que estão localizados longe dos grandes centros; foco na construção de uma metodologia de ensino com base em uma pedagogia surda e na mediação intercultural; a adoção mais ampla da escrita de sinais pela comunidade surda e no registro histórico, usando essa escrita própria; entre outras conquistas.

Link

Veja como a iniciativa de alguns municípios pode fazer toda a diferença, acessando o link ou código a seguir.

https://goo.gl/hc7XDJ

Exercícios

1. O Decreto nº. 5.626/2005, em seu art. 13, postula que o ensino da língua portuguesa como segunda língua deve ser incluído na grade curricular dos cursos de formação de professores que atuarão desde a educação infantil até o ensino superior, assim como nos cursos de licenciatura em Letras com habilitação em língua portuguesa. Dessa forma, assinale a alternativa que condiz com o método que é utilizado na educação de surdos para o ensino da língua de sinais como primeira língua (L1) e a língua portuguesa como segunda (L2).
   a) Bilíngue.
   b) Oralista.
   c) Bimodalista.
   d) Comunicação total.
   e) Pedagogia surda.

2. A Lei nº. 10.436/2002, em seu Art. 1º diz o seguinte: "É reconhecida como meio legal de comunicação e expressão a língua brasileira de sinais — Libras — e outros recursos de expressão a ela associados". Que recursos seriam esses?
   a) Leitura labial.
   b) Uso de aparelho.
   c) *SignWriting*.
   d) Terapia da fala.
   e) Português escrito.

3. A língua de sinais foi oferecida pela primeira vez na modalidade em vídeo no Exame Nacional de Ensino Médio (ENEM) do ano de 2017. Que vantagem essa conquista tem para o sujeito surdo?
   a) Possibilita que o sujeito surdo tenha mais tempo para fazer a prova ao usar o recurso do vídeo.
   b) Possibilita que o candidato assista à pergunta apenas uma vez, sem possibilidade de voltar.
   c) Possibilita que o sujeito surdo interaja em tempo real com o tradutor/intérprete que está sinalizando a prova em vídeo, podendo, inclusive, tirar dúvidas mais rapidamente.
   d) Possibilita que o candidato faça sua prova de redação em língua portuguesa, por meio de um vídeo sinalizado em Libras.
   e) Possibilita que o sujeito surdo consiga assistir às questões da prova sinalizadas em Libras, que seguem o mesmo padrão de qualidade para todos os candidatos surdos que optarem pelo recurso em vídeo.

4. O que significa *corpus* e por que ele é tão importante para a Libras?
   a) Significa a situação em que um idioma de pouco crédito tem seu reconhecimento como língua aceito perante a sociedade.
   b) Representa todos os vocábulos de uma língua. Ou seja, quanto menos ela produz novos vocábulos, maiores são as chances de ela conquistar mais status diante da comunidade.
   c) O *corpus* representa a capacidade de uma língua de se mostrar útil para a sociedade. Se a Libras aumentar consideravelmente seu

corpus, poderá ganhar mais *status* linguístico e ser considerada uma das línguas oficiais do Brasil, assim como a língua portuguesa.

d) Representa todas palavras de uma língua. Ou seja, quanto mais palavras existirem dentro de diferentes áreas de conhecimento humano, melhor e mais forte será a língua. Para a Libras, quanto mais *corpus* for gerado, melhor, pois ela está em um estágio em que a quantidade de sinais existentes é pouca se comparada a outras línguas orais.

e) Significa a situação em que o *status* linguístico de uma língua se torna conhecido por todos os habitantes de um país. Esse é o principal objetivo da comunidade surda com relação à Libras, já tendo, inclusive, sido solicitado por meio de um projeto de lei.

5. O estudo linguístico que foi o começo ou o pontapé inicial para que a língua de sinais fosse considerada uma língua, e não uma linguagem, pertence a qual pesquisador?

a) William Stokoe.
b) Ponce de Léon.
c) Charles-Michel de l'Épée.
d) Graham Bell.
e) Thomas Gallaudet.

Referência

PETTER, M. Linguagem, língua, linguística. In: FIORIN, J. L. (Org.) *Introdução à linguística*. 3 ed. São Paulo: Contexto, 2004. p. 11-23.

Leituras recomendadas

BRASIL. Ministério da Educação. Decreto nº 5.626, de 22 de dezembro de 2005. Regulamenta a Lei no 10.436, de 24 de abril de 2002, que dispõe sobre a Língua Brasileira de Sinais - Libras, e o art. 18 da Lei nº 10.098, de 19 de dezembro de 2000. *Casa Civil - Presidência da República*. Disponível em: <http://www.planalto.gov.br/ccivil_03/_ato2004-2006/2005/decreto/d5626.htm>. Acesso em: 9 maio 2018.

BRASIL. Ministério da Educação. Decreto nº 7.611, de 17 de novembro de 2011. Dispõe sobre a educação especial, o atendimento educacional especializado e dá outras providências. *Casa Civil - Presidência da República*. Disponível em: <http://www.planalto.gov.br/ccivil_03/_ato2011-2014/2011/decreto/d7611.htm>. Acesso em: 9 maio 2018.

BRASIL. Ministério da Educação. Lei nº 10.436, de 24 de abril de 2002. Dispõe sobre a Língua Brasileira de Sinais - Libras e dá outras providências. *Casa Civil - Presidência da*

República. Disponível em: <http://www.planalto.gov.br/ccivil_03/Leis/2002/L10436.htm>. Acesso em: 9 maio 2018.

BRASIL. Ministério da Educação. Lei nº 12.319, de 1º de setembro de 2010. Regulamenta a profissão de Tradutor e Intérprete da Língua Brasileira de Sinais - LIBRAS. *Casa Civil - Presidência da República.* Disponível em: <http://www.planalto.gov.br/ccivil_03/_ato2007-2010/2010/lei/l12319.htm>. Acesso em: 9 maio 2018.

COELHO, A. C. L. Linha do tempo: a história da educação dos surdos. *SlideShare,* [s.l.], 31 jul. 2014. Disponível em: <https://pt.slideshare.net/andreacarlalimacoelho/a-linha--do-tempo-aula-01>. Acesso em: 9 maio 2018.

DECLARAÇÃO DE SALAMANCA: sobre princípios, políticas e práticas na área das necessidades educativas especiais. Disponível em: <http://portal.mec.gov.br/seesp/arquivos/pdf/salamanca.pdf>. Acesso em: 9 maio 2018.

História da educação de surdos

Objetivos de aprendizagem

Ao final deste texto, você deve apresentar os seguintes aprendizados:

- Reconhecer os marcos históricos na educação dos surdos.
- Diferenciar os principais métodos de ensino aplicados dentro do período estudado.
- Identificar as influências que as transformações ocorridas trouxeram para a atualidade.

Introdução

Desde os primórdios da humanidade, há registros de pessoas "diferentes", ou seja, aquelas que estavam fora dos padrões da sociedade. Eram consideradas dentro da normalidade aquelas pessoas com estatura dentro da média, com todos os membros, com capacidade de ver, ouvir, falar, pensar e de procriar a espécie. Todas aquelas que não faziam parte desse padrão eram consideradas "anormais".

Na Grécia Antiga, na qual se cultuava o corpo e a beleza física, as pessoas com deficiência eram afastadas da sociedade, sendo privadas do convívio social e, posteriormente, atiradas ao rio Tibre. Segundo Silveira (2012), as pessoas com deficiência eram vistas como um perigo à sociedade, já que eram incapacitadas de procriar a própria espécie. Em algumas culturas, as pessoas com deficiência eram associadas a imagens demoníacas, a forças sobrenaturais que as levavam a serem imperfeitas e a bruxaria e feitiçaria. No século XIX, há registro de algumas tentativas de recuperação e reconstrução de membros; em alguns casos não só de membros, mas também a das questões psíquicas. Nesse sentido, a religião teve um papel importante, já que há registros de que, na trajetória educacional dos surdos, os padres, monges e frades passaram a ensinar os surdos e as pessoas com deficiência. A partir disso, iniciou-se uma nova era na história dos surdos, pois foram dados os primeiros passos para a integração em sociedade com o objetivo de oportunizar o acesso à educação e ao trabalho aos surdos.

Neste capítulo, você conhecerá os principais marcos históricos da educação de surdos, os diferentes métodos de ensino aplicados com esses indivíduos e as influências que as transformações vividas pelas sociedades trouxeram para essa educação.

A história da língua brasileira de sinais

A língua brasileira de sinais (Libras) é utilizada como meio de comunicação sinalizada por surdos e ouvintes. Existe um número expressivo de brasileiros natos surdos, levando em conta o crescente número de usuários da língua, mesmo que ele não seja preciso. Inclusive, no ano de 2010, o IBGE constatou que existe aproximadamente 9.722.163 milhões de brasileiros com problemas de audição, sendo que 2,6 milhões são surdos (FUNDAÇÃO DE ARTICULAÇÃO E DESENVOLVIMENTO DE POLÍTICAS PÚBLICAS PARA PESSOAS COM DEFICIÊNCIA E COM ALTAS HABILIDADES NO RIO GRANDE DO SUL, 2011).

A Libras é uma das línguas utilizadas no Brasil e reconhecida nacionalmente pela Lei nº. 10.436/2002. Embora seja uma das línguas faladas nacionalmente, ainda há um número relevante de pessoas que vê a Libras apenas como mímica, gestos soltos no ar, movimentos sem nexo ou, ainda, simplesmente como uma cópia fiel da língua portuguesa. Pesquisas na área da Linguística Aplicada apontam que há uma complexidade na estrutura gramatical da Libras, inclusive no que se refere às formas de expressão e à sua contextualidade, assim como há em qualquer outro idioma ou língua oral, de modo que é possível expressar ideias de diversos níveis de compreensão e complexidade.

Em 2005, ocorreu mais um fato importante para a comunidade surda no Brasil: o Decreto nº. 5.626/2005, que regulamenta e oficializa a difusão da língua de sinais e a insere como disciplina obrigatória nas instituições de ensino para a formação de professores e instrutores de Libras. Além disso, esse decreto auxilia na divulgação da língua de sinais brasileira e do português para as pessoas com deficiência auditiva/surdos nos cursos de formação de tradutores e intérpretes de Libras, assim como garante o direito ao acesso à saúde e à educação para surdos.

A Libras foi criada a partir da língua de sinais francesa: com a vinda do francês Eduard Hernest Huet para o Brasil, que foi aluno do Instituto de Paris, a educação de surdos teve início durante o segundo império. Nessa época, promoveu-se a Libras, com forte influência da França, mas não havia escolas especiais para surdos, de modo que Huet solicitou ao imperador Dom Pedro II um estabelecimento para educar os surdos brasileiros. No dia 26 de setembro de 1857, foi fundado o Instituto de Surdos-mudos do Rio de Janeiro, atualmente conhecido como Instituto Nacional de Educação de Surdos (INES).

A partir desse momento, o Brasil deu seus primeiros passos para a educação de surdos, utilizando o ensino do alfabeto manual. Em meados de 1911, o INES adotou a metodologia do oralismo para que os surdos tivessem a oportunidade de se comunicar e conseguissem, com eficácia, expressar suas vontades e seus pensamentos.

Metodologia oralista

Entre 1930 e 1947, o doutor Armando Paiva Lacerda desenvolveu sua metodologia com base na oralização, a qual nomeou de pedagogia emendativa, e que se acreditava ser era a única forma de inserir o surdo na sociedade. O processo pelo qual uma sociedade expulsa alguns de seus membros obriga a uma interrogação sobre o que, em seu centro, impulsiona essa dinâmica (CASTEL, 1998 apud QUADROS, 2006, p. 14).

Fique atento

Para esclarecimento, utilizaremos o termo "surdo", que se refere ao *deafhood*, e não "deficiente auditivo" ou DA, pelo fato de ser popularmente conhecido na comunidade surda e por não ficar limitado apenas a questões clínicas da deficiência.

No INES, ainda na gestão de Lacerda e para o êxito de sua metodologia, os surdos eram submetidos a testes que tinham como finalidade a identificação do nivelamento da inteligência ou a aptidão para o exaustivo processo de oralização. De acordo com as capacidades cognitivas, os surdos eram separados em grupos, já que esse era o meio encontrado para garantir o sucesso do método pela pedagogia emendativa.

Após 100 anos de existência, o INES contou com o primeiro profissional na área da educação, a diretora e professora Ana Rímoli de Faria. Para a época, foi uma grande inovação, principalmente com a implantação do curso normal de formação de professores para surdos. No país, o curso tornou-se referência, tinha duração de três anos e sua base era voltada para a metodologia do oralismo.

Comunicação total

Em 1970, conheceu-se a terminologia comunicação total, que a educadora Ivete Vasconcelos trouxe para o Brasil, pois lecionava para surdos na Universidade de Gallaudet e a utilizava. Algumas décadas após a breve passagem de Vasconcelos pelo território brasileiro, começou a ser difundido no país o bilinguismo. As pesquisas realizadas na área da Linguística pelas educadoras Lucinda Ferreira Brito e Eulália Fernandes foram um grande incentivo para o desenvolvimento e a difusão da educação de surdos no Brasil.

Com o passar dos anos, a oralização foi perdendo força no processo de ensino e aprendizagem dos surdos. Atualmente, nas escolas especiais para surdos, não é utilizada a oralização; no entanto, algumas escolas disponibilizam o tratamento com fonoaudiólogo para as técnicas de oralização para aqueles que desejam "falar". Nas escolas de hoje em dia, a Libras é fundamental para o aprendizado dos surdos, já que respeita sempre as peculiaridades da língua e da cultura da comunidade surda.

Bilinguismo

Em meados da década de 1980, surge o bilinguismo no Brasil. Muitos pesquisadores linguistas começaram a estudar e a discutir sobre esse novo método de ensino para surdos. Essa proposta reconhece o sujeito surdo e seu idioma, a língua de sinais; além disso, essa prática educacional proporciona percepções mentais, cognitivas e visuais e tem capacidade de analisar os conceitos de modo subjetivo e objetivo sobre as informações recebidas, respeitando as características e regras gramaticais do idioma.

A Declaração de Salamanca é considerada um dos principais documentos mundiais, pois visa a inclusão social, consolidando a educação inclusiva e tendo sua origem atribuída aos movimentos de direitos humanos. Uma das implicações educacionais orientadas a partir da Declaração de Salamanca refere-se à inclusão na educação (FERREIRA, 2007): o documento salienta e reafirma os direitos de todos à educação, favorecendo a educação inclusiva, abrindo caminho para os movimentos humanos e auxiliando nas orientações educacionais na educação especial.

Saiba mais

Para ler mais sobre a Declaração de Salamanca, acesse o link a seguir.

https://goo.gl/aJbxeD

Exercícios

1. Um dos marcos históricos da educação de surdos no Brasil é o _____, que regulamenta a inclusão do ensino da língua brasileira de sinais como disciplina curricular de acordo coma a Lei nº. 10.436, de 24 de abril de 2002. Esse decreto garante os seguintes itens: formação de professores surdos e bilíngues; formação do profissional intérprete de Libras; difusão da Libras e da língua portuguesa como direito de educação para os surdos; e o acesso à saúde pelo uso da língua brasileira de sinais tanto de surdos quanto de pessoas com deficiência auditiva. Assinale a alternativa que corresponde ao número desse decreto.
   a) Decreto nº. 5.226, de 22 de dezembro de 2005.
   b) Decreto nº. 5.626, de 22 de dezembro de 2006.
   c) Decreto nº. 5.665, de 22 de dezembro de 2005.
   d) Decreto nº. 6.526, de 22 de dezembro de 2005.
   e) Decreto nº. 5.626, de 22 de dezembro de 2005.

2. Na história educacional dos surdos, há registro de diferentes vertentes de metodologias educacionais aplicadas a pessoas com deficiência auditiva. A trajetória histórica dos surdos foi difícil, sofrida e com muitos percalços. Até chegar à metodologia atual para a educação de surdos, esses indivíduos foram proibidos de sinalizar e usar suas mãos para se comunicarem. Com isso em mente, marque a alternativa que corresponde à metodologia de ensino para surdos que contempla a prática educacional, que proporciona percepções mentais, cognitivas e visuais e capacidade para analisar os conceitos de modo subjetivo e objetivo em relação às informações recebidas, respeitando as características e regras gramaticais do idioma.
   a) Oralismo.
   b) Bilinguismo.
   c) Língua brasileira de sinais (Libras).
   d) Comunicação total.
   e) Métodos unissensoriais.

3. Sabe-se que, na trajetória educacional no Brasil e no mundo, a Igreja teve uma forte presença, e não foi diferente na educação de surdos. Há fatos que comprovam que frades, monges e padres, entre os séculos

XVI, XVII e XVIII, tiveram um grande papel no processo educativo de surdos e pessoas com deficiência auditiva. Devido ao preconceito e à desinformação da época sobre as pessoas com deficiência auditiva e suas capacidades, essas pessoas eram consideradas incapazes de aprender e desprovidas da capacidade de pensar. Com base nisso, o clero tinha o intuito de "salvar" ou curar a alma dessas pessoas e queria adaptar os surdos à sociedade, de acordo com Salles (2004, p. 50). Assinale a alternativa que corresponde corretamente à prática de intervenção usada pelos frades, monges e padres no período do século XVI, XVII e XVIII.

a) Mediação pessoal.
b) Mediação da diferença.
c) Inclusão social.
d) Integração.
e) Exclusão social.

4. A educação de surdos, de acordo com Quadros (1997), passou por três fases, sendo que a última faz parte de um processo de transição. Entre as alternativas a seguir, assinale a que corresponde a essas fases na ordem em que aconteceram.

a) Bimodamlismo, bilinguismo e oralismo.
b) Oralismo, bilinguismo e bimodalismo.
c) Oralismo, bimodalismo e bilinguismo.
d) Bilinguismo, bimodalismo e oralismo.
e) Oralismo, leitura orofacial e bilinguismo.

5. A história da educação de surdos no Brasil iniciou-se com a criação do Instituto de Surdos-Mudos, que hoje é o Instituto Nacional de Educação de Surdos (INES). A criação do INES contou com dois grandes personagens no Brasil. Marque a alternativa correta sobre quais foram os personagens principais da criação do INES.

a) Gerolamo Cardomo e Eduard Hernest Huet.
b) Thomas Hopkins Gallaudet e Eduard Hernest Huet.
c) Eduard Hernest Huet e Dom Pedro II.
d) Melchor Sánchez de Yebra e Dom Pedro II.
e) Eduard Hernest Huet e Abad L'epee.

Referências

BRASIL. *Decreto nº 5.626, de 22 de dezembro de 2005*. Regulamenta a Lei nº. 10.436, de 24 de abril de 2002, que dispõe sobre a língua brasileira de sinais — Libras, e o art. 18 da Lei nº. 10.098, de 19 de dezembro de 2000. Brasília: Presidência da República, 2005. Disponível em: <http://www.planalto.gov.br/ccivil_03/_ato2004-2006/2005/decreto/d5626.htm>. Acesso em: 9 mar. 2018.

BRASIL. *Lei nº 10.436, de 24 de abril de 2002*. Dispõe sobre a Língua Brasileira de Sinais - Libras e dá outras providências. Brasília: Presidência da República, 2002. Disponível em: <http://www.planalto.gov.br/ccivil_03/Leis/2002/L10436.htm>. Acesso em: 9 mar. 2018.

FUNDAÇÃO DE ARTICULAÇÃO E DESENVOLVIMENTO DE POLÍTICAS PÚBLICAS PARA PESSOAS COM DEFICIÊNCIA E COM ALTAS HABILIDADES NO RIO GRANDE DO SUL. *Censo 2010 – Pessoas com Deficiência – Primeiros Resultados*. Porto Alegre: FADERS, 2011. Disponível em: <http://www.portaldeacessibilidade.rs.gov.br/portal/index.php?id=noticias&cod=2128>. Acesso em: 30 set 2012

NASCIMENTO, L. M. *Educação especial*: cadernos de estudos. Indaial: Uniasselvi, 2011.

QUADROS, R. M. (Org.). *Língua de sinais brasileira:* estudos linguísticos. Porto Alegre: Artmed, 2006.

SILVEIRA, T. S. *Educação inclusiva*: caderno de estudos. Indaial: Uniasselvi, 2012.

Leituras recomendadas

FENEIS. *Site*. [S.l.]: FENEIS, c2017. Disponível em: <http://www.feneis.org.br/>. Acesso em: 30 set. 2012.

FERREIRA BRITO, L.; FERNANDES, E. A aquisição do português por surdos sob uma perspectiva semântico-pragmática. In: *CONGRESSO DA SIPLE* – DESAFIOS E RESPOSTAS PARA O ENSINO DE PORTUGUÊS COMO SEGUNDA LÍNGUA, 3., 2007, Brasília. *Anais...* Brasília: UnB, 2007.

HONORA, M.; FRIZANCO, M. L. *Livro ilustrado de língua brasileira de sinais*: desvendando a comunicação usada pelas pessoas com surdez. São Paulo: Ciranda Cultural, 2009.

MANZINI, E. J. *Considerações sobre a elaboração de roteiro para entrevista semi-estruturadas*. [S.l.: s.n., 2000?].

MANZINI, E. J. Entrevista semi-estruturada: análise de objetivos. In: MARQUEZINE, M.C.; ALMEIDA, M.A; OMOTE, S. (Org.). *Colóquios sobre pesquisa em educação especial*. Londrina: UEL, 2003, p. 11-25.

PERLIN, G.; MIRANDA, W. *Ponto de vista*: processos inclusivos em diferentes espaços educativos. 5. ed. [S.l.: s.n.], 2003.

QUADROS, R. M. *Estudos surdos I, parte A*. [S.l.]: Editora Arara Azul, 2006.

QUADROS, R. M. *Estudos surdos I, parte B*. [S.l.]: Editora Arara Azul, 2006.

VILHALVA, S. *Pedagogia surda*. Petrópolis: Arara Azul, [2000?]. Disponível em: <http://www.editora-arara-azul.com.br/pdf/artigo8.pdf>. Acesso em: 30 set. 2012.

UNIDADE 2

Surdez: conceitos, causas e políticas de prevenção

Objetivos de aprendizagem

Ao final deste texto, você deve apresentar os seguintes aprendizados:

- Reconhecer a importância da audição e do funcionamento do aparelho auditivo.
- Diferenciar os tipos de surdez.
- Identificar as formas de prevenção, o diagnóstico e o tratamento adequado para cada tipo de surdez.

Introdução

Há uma grande diferença entre a pessoa surda e a pessoa com deficiência auditiva. Esses dois termos são utilizados no campo da surdez; entretanto, a terminologia "surdo" é usada dentro da comunidade surda, ou seja, ao utilizá-la, estamos cientes de suas capacidades cognitivas, linguísticas e, o mais importante, reconhecemos sua identidade surda quando o sujeito surdo (ser surdo) vive e se desenvolve em comunidade a partir de experiências visuais.

Já termo pessoa com deficiência auditiva é mais utilizado especificamente no âmbito clínico, por profissionais da área da saúde, e foca apenas na condição física da perda auditiva. Em alguns casos na área clínica, a língua de sinais não é reconhecida como um idioma, de modo que ela é descartada no ensino de língua para as pessoas com perda auditiva, que recebem apenas a oferta e a oportunidade da oralização.

Neste capítulo, você aprenderá sobre a importância da audição e conhecerá o funcionamento do aparelho auditivo. Além disso, verá os diferentes tipos de surdez as formas de prevenção, o diagnóstico e o tratamento adequado para cada um desses tipos.

A audição e o funcionamento auditivo

São objetivos da audição detectar, decodificar e transmitir as informações sonoras, além de manter o ponto de equilíbrio do corpo. As ondas sonoras, ou as informações sonoras que o ouvido recebe, deslocam-se por meio do ouvido externo por intermédio do canal auricular, ocasionando vibrações na parte do ouvido médio, no tímpano. Esses pequenos movimentos do tímpano enviam as informações sonoras até o cérebro, no qual a informação será decodificada e compreendida. Observe como o ouvido é dividido a partir da Figura 1.

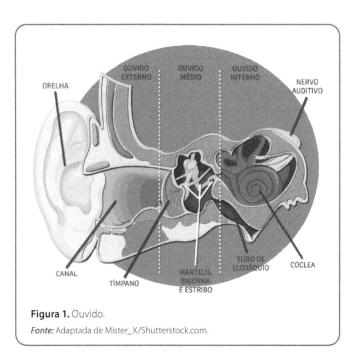

Figura 1. Ouvido.
Fonte: Adaptada de Mister_X/Shutterstock.com.

Quando diagnosticada a surdez ou a perda auditiva, dependendo do caso e de cada pessoa, o profissional da área da saúde recomenda o uso do aparelho auditivo. Esse aparelho é um dispositivo eletrônico que exerce a função do ouvido quando esse não consegue receptar, transmitir e decodificar todas as informações sonoras externas. Quando uma pessoa com perda auditiva utiliza o aparelho auditivo, o instrumento passa a ter a função do ouvido humano. Assim como o nosso ouvido, o dispositivo eletrônico, ou o aparelho auditivo, é dividido em três partes: microfone, amplificador sonoro e, por fim, receptor (Figura 2).

O microfone é responsável por captar o som externo do ambiente e convertê-lo em ondas sonoras/vibrações, levando os sinais elétricos diretamente para o amplificador sonoro. Quando esses sinais elétricos chegam até o amplificador, eles aumentam a potência/frequência das vibrações que são encaminhadas diretamente para o receptor. O receptor, por sua vez, envia a mensagem para o ouvido humano. Há diversos tipos de aparelhos auditivos no mercado (Figura 2).

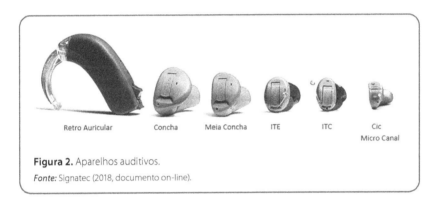

Figura 2. Aparelhos auditivos.
Fonte: Signatec (2018, documento on-line).

Tipos de surdez

Há muitos estudos e discussões sobre a surdez e a língua de sinais. Nesta seção, você verá, pelo viés da surdez, o esclarecimento de alguns mitos e tabus sobre essa temática.

Vivemos em um mundo rodeado por sons, de modo que é difícil imaginar que uma pessoa surda ou com deficiência auditiva possa viver plenamente nele. No entanto, a comunidade surda brasileira mostra que isso é possível por meio da comunicação gesto-visual, que integra o sujeito surdo ao mundo ouvinte, possibilitando novas experiências. Quando falamos em deficiência auditiva, em muitos casos, ficamos limitados apenas a questões físicas, mas, nesse sentido, é importante saber consciência de que nem todo surdo é mudo, de maneira que a expressão surdo-mudo não é a forma mais adequada.

Para fazer referência a uma pessoa com surdez, o termo adequado é surdo ou pessoa com deficiência auditiva.

A surdez nada mais é do que a privação ou a limitação do sentido da audição. Essa privação ou limitação pode ser parcial ou total e pode ser causada por diversos fatores, como, por exemplo, viroses, doenças durante a gestação, predisposição genética e, até mesmo, má-formação do feto.

A intensidade da perda auditiva varia e pode ser medida por decibéis, a medida usada para determinar a potência/frequência do som. Uma pessoa é considerada com deficiência auditiva a partir da referência/frequência de 500, 1.000, 2.000 e 3.000 Hz. Essas frequências determinam se a surdez ou perda auditiva será bilateral, parcial ou total. De acordo com as frequências citadas, é possível determinar os níveis de surdez como leve, moderada e severa/profunda.

Formas de prevenção, diagnóstico e tratamento

Uma vez diagnosticada a surdez, por meio do exame chamado de audiometria, os profissionais da área da saúde, como os fonoaudiólogos e os otorrinolaringologistas, dão início ao processo de "tratamento da surdez", lembrando que esse termo é usado na área clínica. Desse modo, o surdo tem a possibilidade de optar pelo aprendizado da L1 (Libras) e da L2 (português) como segundo idioma. Uma das formas de diagnosticar a surdez é pelo intermédio do teste da orelhinha (ou Emissões Otoacústicas Evocadas), que é realizado nos primeiros dias de vida do bebê, ainda no hospital, para diagnosticar perdas auditivas precoces.

Fique atento

O tratamento da perda auditiva depende da causa, ou seja: se a presença de líquido no ouvido médio ou de cera no canal auditivo está causando perda de audição condutiva, o fluido é drenado ou, então, procede-se à eliminação da cera. No entanto, muitas vezes, não há cura. Nesses casos, o tratamento consiste em compensar a perda auditiva na medida do possível. A maioria das pessoas usa um dispositivo de ajuda e, em situações excepcionais, recorre-se ao transplante do caracol.

O teste da orelhinha não faz mal ao bebê e é indolor, sendo realizado entre o segundo e o terceiro dia de vida da criança. Segundo Coelho, Silveira e Mabba (2012), a audiometria é um exame que avalia a audição das pessoas e, com base em um audiômetro, pode-se avaliar o grau de perda auditiva de um indivíduo. Esse exame não se limita apenas à perda auditiva, mas também tem a finalidade de medir o grau da capacidade de compreensão da fala. Nesse caso, chama-se audiometria vocal.

A surdez e suas características

Diagnosticada a surdez, que pode ser adquirida ou de nascença, podemos caracterizá-la em dois tipos: a surdez congênita ou a surdez adquirida. Observe as características da surdez e suas definições:

a) A surdez congênita ocorre quando uma pessoa nasce surda. Pode ser oriunda de fatores genéticos ou de má-formação do feto.
b) A surdez adquirida se dá quando a pessoa perde a condição de ouvir por algum motivo.

Os profissionais da área da saúde sempre recomendam que toda gestante faça o pré-natal, e essa recomendação é de suma importância, pois é nessa fase do desenvolvimento do bebê e das mudanças do corpo da gestante que é possível diagnosticar qualquer ocorrência inesperada durante a gestação. Assim, o pré-natal viabiliza o diagnóstico, a prevenção e o tratamento de qualquer fator de risco para a gestante e para o bebê.

Portanto, o pré-natal é fundamental no diagnóstico da surdez por condições genéticas ou hereditárias da mãe do bebê. As possíveis doenças diagnósticas durante a gestação e que acarretam problemas auditivos são: citomegalovírus, rubéola e toxoplasmose. Além disso, a exposição a medicamentos e produtos tóxicos ou o uso de drogas pela gestante são fatores relevantes. Em alguns casos, a surdez poderá ser causada pelo nascimento prematuro do bebê, por má-formação do feto ou pelo uso do fórceps no nascimento. A surdez causada pelo fórceps é mais comum do que se imagina. A surdez também pode ser adquirida por doenças após o nascimento e em qualquer fase da vida de uma pessoa, como, por exemplo: caxumba, meningite e sarampo. Além das doenças, a surdez também pode ser causada por algum acidente ou traumas no aparelho auditivo. O uso de drogas e produtos tóxicos também são causadores dessa condição.

Saiba mais

A surdez congênita é uma particularidade ou característica de uma pessoa que a acompanha durante toda a sua vida (antes de ou a partir de seu nascimento). Ela nasce com o indivíduo, se manifesta de modo natural, inata, e se ajusta adequadamente como apropriado.

A surdez congênita se faz presente desde o nascimento, mas não é necessariamente hereditária; ela é mais comumente adquirida pelas gestantes, o que leva à surdez do bebê.

Exercícios

1. A surdez é uma deficiência na audição que pode ocorrer em pessoas de todas as idades. Contudo, existem crianças que já nascem com restrição auditiva ou perda gradual da audição, e essa restrição ou perda pode variar em grau e intensidade. O fator que causa perda auditiva e se contrapõe às causas de surdez adquirida pode ser definido como:
   a) prematuridade.
   b) meningite.
   c) rubéola.
   d) doenças autoimunes.
   e) causa genética.

2. A partir do ano de 2010, por meio da Lei nº 12.303, em todos os hospitais e maternidades, é obrigatória a realização gratuita do exame denominado Emissões Otoacústicas Evocadas nas crianças recém-nascidas, que também é conhecido por:
   a) audiometria vocal.
   b) teste da orelhinha.
   c) exame fonológico.
   d) audiometria tonal.
   e) teste do pezinho.

3. Para diagnosticar a surdez, especificando o grau de perda auditiva (seja ela leve, moderada ou severa "profunda"), o tipo de perda (unilateral ou bilateral) e o nível de condução do estímulo e maturidade neurológica, é feito um exame _____. Marque a alternativa que corresponde ao nome desse exame, que comprova com mais detalhes o grau, o tipo e o nível de condução do estímulo/ maturidade neurológica do bebê com suspeitas de surdez.
   a) de decibéis.
   b) feito pelo otorrinolaringologista.
   c) de audiometria vocal.
   d) de audiometria.
   e) de eletrococleografia.

4. Os fatores mais frequentes de surdez são as causas adquiridas no decorrer da vida, tais como: otites, fratura dos ossículos do ouvido, perfuração da membrana timpânica e bloqueio da orelha externa por rolhas de cerume ou por corpos estranhos introduzidos no ouvido. Um bom exemplo de má-formação e/ou infecção do ouvido que causa problema de surdez em nível de condução do estímulo é:
   a) infecção da pele do ouvido externo (canal do ouvido).
   b) otite média secretora ou serosa.
   c) otosclerose da cóclea.
   d) otite média aguda.
   e) perfuração timpânica ou otite média crônica.

5. Existem várias alternativas ou estratégias que a pessoa com surdez pode utilizar para conseguir comunicar-se com pessoas ouvintes, que desconhecem a cultura surda e suas particularidades. Um exemplo de estratégia comunicacional que dificilmente um sujeito autodeclarado surdo utilizaria para se comunicar com pessoas ouvintes de fora da comunidade surda seria:
   a) língua de sinais e escrita de sinais.
   b) leitura labial, oralização e português escrito.
   c) leitura labial e português escrito.
   d) leitura labial e oralização.
   e) português escrito e uso de aparelho auditivo.

Referências

COELHO, K. S.; SILVEIRA, M. D. D.; MABBA, J. P. *Língua brasileira de sinais*: Libras. Indaial: Uniasselvi, 2012.

SIGNATEC. *Aparelho auditivo*. 2018. Disponível em: <http://signatec.com.br/inicio/aparelho-auditivo>. Acesso em: 24 abr. 2018.

Leituras recomendadas

DIZEU, L. C. T. B.; CAPORALI, S. A. A língua de sinais constituindo o surdo como sujeito. *Educação & Sociedade*, Campinas, v. 26, n. 91, p. 583-597, maio/ago. 2005. Disponível em: <http://www.scielo.br/scielo.php?script=sci_arttext&pid=S0101-73302005000200014&lng=en&nrm=iso>. Acesso em: 2 set. 2015.

GESSER, A. *Libras?* Que língua é essa? Crenças e preconceitos em torno da língua de sinais e da realidade surda. São Paulo: Parábola Editorial, 2009.

HONORA, M.; FRIZANCO, M. L. E. *Livro ilustrado de língua brasileira de sinais*: desvendando a comunicação usada pelas pessoas com surdez. São Paulo: Ciranda Cultural, 2008.

LACERDA, C. B. F. Um pouco da história das diferentes abordagens na educação dos surdos. *Cadernos CEDES*, Campinas, v. 19, n. 46, p. 68-80, set. 1998. Disponível em: <http://www.scielo.br/scielo.php?script=sci_arttext&pid=S0101-32621998000300007&lng=en&nrm=iso>. Acesso em: 2 set. 2015.

MITTLER, P. *Educação inclusiva*: contextos sociais. Porto Alegre: Artmed, 2003.

QUADROS, R. M. *Estudos surdos I, parte A*. [S.l.]: Editora Arara Azul, 2006.

QUADROS, R. M. *Estudos surdos I, parte B*. [S.l.]: Editora Arara Azul, 2006.

QUADROS, R. M. Situando as diferenças implicadas na educação de surdos: inclusão/exclusão. *Ponto de Vista*, Florianópolis, n. 5, p. 81-111, 2003. Disponível em: <https://periodicos.ufsc.br/index.php/pontodevista/article/viewFile/1246/3850>. Acesso em: 30 set. 2015.

SOUZA, R. M.; SILVESTRE, N.; ARANTES, V. A. (Org.). *Educação de surdos*: pontos e contrapontos. São Paulo: Summus, 2007.

Políticas de inclusão
versus educação bilíngue

Objetivos de aprendizagem

Ao final deste texto, você deve apresentar os seguintes aprendizados:

- Explorar o panorama introdutório dos estudos de políticas educacionais brasileiras referentes ao ensino de Libras e à educação de surdos.
- Reconhecer as políticas de inclusão para os sujeitos surdos.
- Analisar a educação bilíngue para os sujeitos surdos.

Introdução

Para você compreender as questões atuais que envolvem às políticas de inclusão e de educação bilíngue para os sujeitos surdos, é necessário, antes, explorar o panorama introdutório dos estudos de políticas educacionais brasileiras, para, então, reconhecer e analisar essas políticas de processo inclusivo referentes ao ensino de Libras e à educação de surdos.

Neste capítulo, você vai aprender sobre os conceitos acerca das políticas de inclusão em relação à educação bilíngue para surdos. Qual será a melhor metodologia para o processo de ensino-aprendizagem do aluno surdo? Entre as propostas, qual delas irá suprir, verdadeiramente, as necessidades educacionais do sujeito surdo?

Políticas de inclusão para os sujeitos surdos

As políticas de inclusão têm em vista um único objetivo social: incluir as pessoas no mesmo espaço, independentemente de quem sejam, proporcionando acessibilidade de todos os tipos para que os todos os direitos sociais dos cidadãos possam ser atendidos sem discriminar ninguém. No espaço educacional, também não é diferente esse objetivo. Veja, a seguir, o que a Constituição Federal de 1988 diz sobre essa questão:

Art. 205 — A educação, direito de todos e dever do Estado e da família, será promovida e incentivada com a colaboração da sociedade, visando ao pleno desenvolvimento da pessoa, seu preparo para o exercício da cidadania e sua qualificação para o trabalho.
Art. 206 — O ensino será ministrado com base nos seguintes princípios:
I — Igualdade de condições para o acesso e permanência na escola.
Art. 208 — O dever do Estado com a educação será efetivado mediante a garantia de:
III — Atendimento educacional especializado aos portadores[1] de deficiência, preferencialmente na rede regular de ensino ([1]pessoas com deficiência) (BRASIL, 1988, documento on-line).

Percebe-se que a Constituição Federal 1988 assegura que todos os alunos tenham acesso à educação, preferencialmente no ensino regular, garantindo-lhes a igualdade de condições para o acesso e a permanência na escola por meio do que conhecemos hoje por inclusão escolar.

Em nossa Constituição Federal, não existe obrigatoriedade, e sim uma preferência para as escolas regulares, desde que elas mantenham condições de acesso e permanência desses alunos à escola.

Porém, o Ministério da Educação possui uma secretaria específica que trata de assuntos relacionados à diversidade e à inclusão: a Secretaria de Educação Continuada, Alfabetização, Diversidade e Inclusão (SECADI), que é responsável por:

- Planejar, orientar e coordenar, em articulação com os sistemas de ensino dos estados, Distrito Federal, municípios e as representações sociais, a implementação de políticas para a alfabetização e educação de jovens e adultos ao longo da vida, para a educação do campo, para a educação escolar indígena, para a educação em áreas remanescentes de quilombos, para a educação nas relações étnico-raciais, para a educação em direitos humanos e para a educação especial.
- Viabilizar ações de cooperação técnica e financeira entre a União, os estados, o Distrito Federal, os municípios e organismos nacionais e internacionais, voltadas à alfabetização e à educação de jovens e adultos, à educação do campo, à educação dos povos indígenas, à educação em áreas remanescentes de quilombos, à educação para as relações étnico-raciais, à educação em direitos humanos e à educação especial.
- Coordenar ações educacionais voltadas à diversidade sociocultural e linguística, aos direitos humanos e à inclusão, visando a efetivação de políticas públicas transversais e intersetoriais de competência da secretaria, em todos os níveis, etapas e modalidades.

- Desenvolver e fomentar a produção de conteúdo, programas de formação de professores e materiais didáticos e pedagógicos específicos às modalidades de ensino e temáticas de sua competência.

Legislação — SECADI

Você pode observar os seguintes aspectos sobre a Legislação SECADI:

Nota técnica

- Nota técnica n°. 04 — Orientação quanto a documentos comprobatórios de alunos com deficiência, transtornos globais do desenvolvimento e altas habilidades/superdotação no censo escolar.
- Nota técnica n°. 24 — Orientação aos sistemas de ensino para a implementação da Lei n°. 12.764/2012.
- Nota técnica n°. 28 — Uso do sistema de frequência modulada (sistema FM) na escolarização de estudantes com deficiência auditiva.
- Nota técnica n°. 29 — Termo de referência para aquisição de brinquedos e mobiliários acessíveis.
- Nota técnica n°. 35/2016 — DPEE — SECADI — MEC — Recomenda a adoção imediata dos critérios para o funcionamento, a avaliação e supervisão das instituições públicas e privadas comunitárias, confessionais ou filantrópicas sem fins lucrativos especializadas em educação especial.

Leis

- Lei n°. 8069/90 — Estatuto da Criança e do Adolescente (ECA).
- Lei n°. 10.098/94 — Estabelece normas gerais e critérios básicos para a promoção da acessibilidade das pessoas portadoras de deficiência ou com mobilidade reduzida e dá outras providências.
- Lei n°. 10.436/02 — Dispõe sobre a língua brasileira de sinais (Libras) e dá outras providências.

Decretos

- Decreto n°. 186/08 — Aprova o texto da convenção sobre os direitos das pessoas com deficiência e de seu protocolo facultativo, assinados em Nova Iorque, em 30 de março de 2007.

- Decreto nº. 6.949/09 — Promulga a convenção internacional sobre os direitos das pessoas com deficiência e seu protocolo facultativo, assinados em Nova York, em 30 de março de 2007.
- Decreto nº. 6.214/07 — Regulamenta o benefício de prestação continuada da assistência social devido à pessoa com deficiência.
- Decreto nº. 6.571/08 — Dispõe sobre o atendimento educacional especializado (AEE).
- Decreto nº. 5.626/05 — Regulamenta a Lei nº. 10.436 que dispõe sobre a língua brasileira de sinais (Libras).
- Decreto nº. 5.296/04 — Regulamenta as Leis nº. 10.048 e nº. 10.098 com ênfase na promoção de acessibilidade.
- Decreto nº. 3.956/01 — Convenção da Guatemala. Promulga a convenção interamericana para a eliminação de todas as formas de discriminação contra as pessoas com deficiência.

Portarias

- Portaria nº. 243/2016 — Estabelece os critérios para o funcionamento, a avaliação e a supervisão de instituições públicas e privadas que prestam atendimento educacional a alunos com deficiência, transtornos globais do desenvolvimento e altas habilidades/superdotação.
- Portaria nº. 976/06 — Critérios de acessibilidade aos eventos do MEC.
- Portaria nº. 3.284/03 — Dispõe sobre os requisitos de acessibilidade de pessoas com deficiências para instruir os processos de autorização e de reconhecimento de cursos e de credenciamento de instituições.

Resoluções

- Resolução nº. 4, CNE/CEB.

Documentos internacionais

- Convenção da ONU sobre os Direitos das Pessoas com Deficiência (2007).
- Carta para o Terceiro Milênio.
- Declaração de Salamanca.
- Convenção da Guatemala.
- Declaração dos Direitos das Pessoas Deficientes.
- Declaração Internacional de Montreal sobre Inclusão.

Saiba mais

Para ler mais sobre educação continuada, alfabetização, diversidade e inclusão acesse o link a seguir.

https://goo.gl/t4WizA

A partir do reconhecimento da língua brasileira de sinais (Libras), em 2002, e do seu reconhecimento por meio do Decreto n°. 5.626, de 22 de dezembro de 2005, abriu-se um caminho para um velho discurso embasado no texto constitucional que diz que o lugar de alunos com deficiência é na escola regular. No Decreto n°. 5.626, em seu artigo 21, salienta que (BRASIL, 2005, documento on-line):

> Art. 21 — A partir de um ano da publicação deste decreto, as instituições federais de ensino da educação básica e da educação superior devem incluir, em seus quadros, em todos os níveis, etapas e modalidades, o tradutor e intérprete de libras — língua portuguesa, para viabilizar o acesso à comunicação, à informação e à educação de alunos surdos.
> § 1° O profissional a que se refere o *caput* atuará:
> I — nos processos seletivos para os cursos na instituição de ensino;
> II — nas salas de aula para viabilizar o acesso dos alunos aos conhecimentos e conteúdos curriculares, em todas as atividades didático-pedagógicas;
> III — no apoio à acessibilidade aos serviços e às atividades da instituição de ensino.

Com base no artigo 21 do Decreto n°. 5.626 de 2005, inciso II, os intérpretes de Libras devem ser incluídos no quadro das instituições federais de ensino da educação básica e de ensino superior, a fim de proporcionar ao aluno surdo conhecedor de língua de sinais acesso ao conteúdo falado pelos professores.

Sobre a garantia do direito à educação das pessoas surdas ou com deficiência auditiva, o artigo 23 traz o seguinte:

> Art. 23 — As instituições federais de ensino, de educação básica e superior, devem proporcionar aos alunos surdos os serviços de tradutor e intérprete de libras-língua portuguesa em sala de aula e em outros espaços educacionais, bem como equipamentos e tecnologias que viabilizem o acesso à comunicação, à informação e à educação.
> § 2 — As instituições privadas e as públicas dos sistemas de ensino federal, estadual, municipal e do Distrito Federal buscarão implementar as medidas

referidas neste artigo como meio de assegurar aos alunos surdos ou com deficiência auditiva o acesso à comunicação, à informação e à educação o (BRASIL, 2005, documento on-line).

Para fechar a reflexão, em 2011, a legislação que se refere à educação especial foi atualizada pelo Decreto nº. 7.611, que dispõe sobre a educação especial, o atendimento educacional especializado e dá outras providências.

Art. 1º — O dever do estado com a educação das pessoas público-alvo da educação especial será efetivado de acordo com as seguintes diretrizes:

I — garantia de um sistema educacional inclusivo em todos os níveis, sem discriminação e com base na igualdade de oportunidades;

II — aprendizado ao longo de toda a vida;

III — não exclusão do sistema educacional geral sob a alegação de deficiência;

IV — garantia de ensino fundamental gratuito e compulsório, asseguradas adaptações razoáveis de acordo com as necessidades individuais;

V — oferta de apoio necessário, no âmbito do sistema educacional geral, com vistas a facilitar sua efetiva educação;

VI — adoção de medidas de apoio individualizadas e efetivas, em ambientes que maximizem o desenvolvimento acadêmico e social, de acordo com a meta de inclusão plena;

VII — oferta de educação especial preferencialmente na rede regular de ensino;

VIII — apoio técnico e financeiro pelo poder público às instituições privadas sem fins lucrativos, especializadas e com atuação exclusiva em educação especial.

§ 2º — No caso dos estudantes surdos e com deficiência auditiva serão observadas as diretrizes e princípios dispostos no Decreto nº 5.626, de 22 de dezembro de 2005.

Art. 2º — A educação especial deve garantir os serviços de apoio especializado, voltados a eliminar as barreiras que possam obstruir o processo de escolarização de estudantes com deficiência, transtornos globais do desenvolvimento e altas habilidades ou superdotação.

§ 1º — Para fins deste decreto, os serviços de que trata o *caput* serão denominados atendimento educacional especializado, compreendido como o conjunto de atividades, recursos de acessibilidade e pedagógicos organizados institucional e continuamente, prestado das seguintes formas:

I — complementar à formação dos estudantes com deficiência, transtornos globais do desenvolvimento, como apoio permanente e limitado no tempo e na frequência dos estudantes às salas de recursos multifuncionais; ou

II — suplementar à formação de estudantes com altas habilidades ou superdotação.

§ 2º — O atendimento educacional especializado deve integrar a proposta pedagógica da escola, envolver a participação da família para garantir pleno acesso e a participação dos estudantes, atender às necessidades específicas das pessoas público-alvo da educação especial, e ser realizado em articulação com as demais políticas públicas.

Art. 3º — São objetivos do atendimento educacional especializado:

I — prover condições de acesso, participação e aprendizagem no ensino regular e garantir serviços de apoio especializados de acordo com as necessidades individuais dos estudantes;

II — garantir a transversalidade das ações da educação especial no ensino regular;

III — fomentar o desenvolvimento de recursos didáticos e pedagógicos que eliminem as barreiras no processo de ensino e aprendizagem; e

IV — assegurar condições para a continuidade de estudos nos demais níveis, etapas e modalidades de ensino.

Art. 4º — O Poder Público estimulará o acesso ao atendimento educacional especializado de forma complementar ou suplementar ao ensino regular, assegurando a dupla matrícula nos termos do artigo 9º-A do Decreto nº 6.253, de 13 de novembro de 2007.

Art. 5º — A União prestará apoio técnico e financeiro aos sistemas públicos de ensino dos estados, municípios e Distrito Federal, e a instituições comunitárias, confessionais ou filantrópicas sem fins lucrativos, com a finalidade de ampliar a oferta do atendimento educacional especializado aos estudantes com deficiência, transtornos globais do desenvolvimento e altas habilidades ou superdotação, matriculados na rede pública de ensino regular.

§ 1º — As instituições comunitárias, confessionais ou filantrópicas sem fins lucrativos de que trata o *caput* devem ter atuação na educação especial e serem conveniadas com o Poder Executivo do ente federativo competente.

§ 2º — O apoio técnico e financeiro de que trata o *caput* contemplará as seguintes ações:

I — aprimoramento do atendimento educacional especializado já ofertado;

II — implantação de salas de recursos multifuncionais;

III — formação continuada de professores, inclusive para o desenvolvimento da educação bilíngue para estudantes surdos ou com deficiência auditiva e do ensino do braile para estudantes cegos ou com pouca visão;

IV — formação de gestores, educadores e demais profissionais da escola para a educação na perspectiva da educação inclusiva, particularmente na aprendizagem, na participação e na criação de vínculos interpessoais;

V — adequação arquitetônica de prédios escolares para acessibilidade;

VI — elaboração, produção e distribuição de recursos educacionais para a acessibilidade; e

VII — estruturação de núcleos de acessibilidade nas instituições federais de educação superior.

§ 3º — As salas de recursos multifuncionais são ambientes dotados de equipamentos, mobiliários e materiais didáticos e pedagógicos para a oferta do atendimento educacional especializado.

§ 4º — A produção e a distribuição de recursos educacionais para a acessibilidade e aprendizagem incluem materiais didáticos e paradidáticos em braille, áudio e língua brasileira de sinais — libras, computadores com sintetizador de voz, *softwares* para comunicação alternativa e outras ajudas técnicas que possibilitam o acesso ao currículo.

§ 5º — Os núcleos de acessibilidade nas instituições federais de educação superior visam eliminar barreiras físicas, de comunicação e de informação que restringem a participação e o desenvolvimento acadêmico e social de estudantes com deficiência a (BRASIL, 2011, documento on-line).

Como pode ser percebido, a Constituição Federal de 1988, o Decreto n°. 5.626 de 2005 e o Decreto n°. 7.611 de 2011 detalham a maior parte dos direitos que os alunos com deficiência possuem no que tange à educação, assim como as orientações que as instituições de ensino regular precisam seguir para atender esses alunos matriculados na rede de ensino.

Quando falamos de educação de surdos, estamos automaticamente tratando sobre a educação bilíngue, independentemente de ela ser realizada no ensino regular ou em uma escola bilíngue para surdos. Sendo uma educação bilíngue no ensino regular, existem alguns fatores que precisam ser observados:

- A criança surda, ao ingressar na educação básica, geralmente, não tem conhecimento da língua de sinais, pois seus pais, na maioria dos casos, são pessoas ouvintes.
- O atendimento educacional especializado nem sempre favorece o melhor ambiente para o ensino da Libras, pois os profissionais que trabalham nas salas de atendimento educacional especializado (AEE) dominam muito pouco a Libras para serem uma boa referência de nativo da língua a ser usado pela criança surda em sua aquisição e no desenvolvimento da linguagem.
- Se passar o tempo de a criança ser alfabetizada em língua de sinais e ela ainda não houver desenvolvido a fluência necessária, ao chegar ao ensino fundamental, ela encontrará a acessibilidade do intérprete de Libras (prevista no Decreto n°. 5.626 de 2005), mas terá grandes dificuldades de entender o que ele está sinalizando, já que teve um ensino fraco de língua de sinais nas salas de AEE.
- Mesmo que a criança conte com uma boa fluência em Libras, ainda assim, ela pode encontrar enormes dificuldades de socialização por ser a única pessoa surda na escola e/ou pelos colegas ouvintes não tentarem conversar com ela. Nesse ponto de vista, a inclusão fica somente no discurso.

Saiba mais

Para ampliar seus saberes e conhecimentos sobre o atendimento educacional especializado (AEE) e sobre a inserção de estudantes surdos no ensino regular, assista aos dois vídeos sugeridos sobre esses temas.

Atendimento educacional especializado — AEE
A Política Nacional de Educação Especial, na perspectiva inclusiva, define que a função do atendimento educacional especializado (AEE) é identificar, elaborar e organizar os recursos pedagógicos e de acessibilidade para a eliminação de barreiras, favorecendo a plena participação dos estudantes com deficiência, considerando suas necessidades específicas. O vídeo do link a seguir detalha um pouco sobre o AEE, o qual se recomenda que se realize no contraturno as aulas regulares, preferencialmente na mesma escola e em salas de recursos multifuncionais (SRM). Além disso, é fundamental que haja articulação entre o AEE, as equipes pedagógicas e as famílias dos alunos atendidos por esse serviço.

https://goo.gl/7LPV9K

Estudantes surdos no ensino regular
Uma vez que o processo de inclusão ainda é um tanto recente e que muitos educadores não têm a devida formação, não se sentindo seguros para trabalhar com esses alunos em sala de aula, temos o desafio de conseguir incluir esses alunos sem, ao mesmo tempo, excluí-los devido à falta de preparo das escolas.
O vídeo detalha um pouco sobre essa realidade em que alunos surdos são inseridos no ensino regular.

https://goo.gl/bp7NrF

Educação bilíngue para surdos

Partindo para o ensino bilíngue em escolas de surdos, podemos começar lembrando que a Constituição Federal é clara ao citar que as instituições de ensino regular têm preferência no acolhimento e ensino das pessoas com deficiência, mas não a exclusividade. Nesse ponto, temos brecha legal para que as escolas bilíngues para alunos surdos possam, assim como as escolas regulares, acolher os alunos surdos para fornecer-lhes um ensino focado no aprendizado da Libras como L1 e na construção da identidade surda, assim como do aprendizado do português escrito como L2, como prevê a Lei n°. 10.436 de 2002 e que nas escolas regulares não é possível, visto que o ensino é ministrado em língua portuguesa oral, deixando o ensino da Libras em segundo plano.

O processo de manutenção das escolas de surdos passou por um forte abalo no ano de 2011, quando a diretora nacional de Políticas Educacionais Especiais do Ministério da Educação (MEC), Martinha Claret, anunciou o fechamento, até o fim daquele ano, do Instituto Nacional de Surdos (INES). Mais tarde, o MEC informou que desautorizava o anúncio feito pela diretora, voltando atrás no pronunciamento realizado em que afirmavam que iriam fechar as escolas de surdos, começando pela escola INES, no Rio de Janeiro.

Após a tentativa de fechar as escolas de surdos no ano de 2011, todo o movimento surdo se sensibilizou, buscando garantir os direitos que já existiam, assim como procurando conquistar novos direitos para a comunidade surda.

Nessa linha, as escolas de surdos ganharam muita força nos últimos anos, mas ainda sofrem pressão externa da comunidade e do governo. Profissionais da comunidade médica, por exemplo, ainda orientam os pais ouvintes de crianças surdas a fazerem implante coclear em seus filhos e/ou a não ensinarem língua de sinais à criança, pois isso atrapalharia o processo de oralização. Temos também o governo, que insiste em incluir os alunos com deficiência auditiva/surdos no ensino regular, mas sem ofertar profissionais capacitados para essa atividade e que forneçam ao aluno surdo vivência por meio de experiências visuais; contato com seus pares (surdos); intérpretes de Libras suficientemente qualificados para a função; ensino diretamente em Libras; entre outros fatores essenciais para a construção do "ser surdo".

Saiba mais

Pesquisas recentes sugerem que, mesmo com intérpretes qualificados na sala de aula, na educação inclusiva, os educadores precisam entender que as crianças surdas aprendem de forma diferente, são mais visuais e, muitas vezes, processam a informação de forma diferente da de seus colegas ouvintes (MAFRA, 2017).

Sobre os processos que as escolas bilíngues para surdos adotam para o ensino, o grande diferencial está no ensino ministrado na L1 do sujeito surdo, que favorece a aquisição e o desenvolvimento da linguagem da criança no tempo esperado. Além disso, existe o diferencial de o aluno ter outros pares surdos nos quais se espelhar e com quem pode manter contato (professores, alunos, funcionários da escola, etc.). É por meio dessa identificação com o outro igual a ele(a) que a criança surda constrói sua identidade.

Contudo, nem sempre é tão simples: existem muitas escolas que não têm professores surdos em todas as áreas de ensino e, devido a isso, muitos professores que são contratados não sabem fluentemente Libras para ministrarem uma aula de qualidade para os alunos surdos ou contam com o auxílio de um intérprete de Libras durante as aulas, o que remete a um ensino em L2 (português), muito parecido com a metodologia das escolas regulares.

Outra questão é a não inclusão dos alunos surdos com outras crianças ouvintes, visto que as escolas de surdos são só para alunos surdos. Esse é um dos fatores que, segundo o governo, prejudica os alunos matriculados em escolas bilíngues para surdos, já que eles não estão incluídos com os demais.

No entanto, uma inclusão em escola regular, nos moldes atuais, mais prejudica o aluno surdo do que o ajuda. Embora a colocação desses alunos em escolas específicas para surdos os separe dos demais, aproxima-os de um modelo de ensino mais visual, em que possam evoluir e aprender com base nas suas diferenças e no contato com outros iguais, e não por meio do isolamento linguístico e social que a dita inclusão no ensino regular diz propiciar.

Saiba mais

Para ampliar seu saberes e conhecimentos sobre educação de surdos, consulte a obra *O que todo pedagogo precisa saber sobre Libras*, de Eduardo de Campos Garcia (2015), que apresenta a Libras, discute a educação de surdos e apresenta aspectos sobre o desenvolvimento cognitivo para auxiliar os pedagogos no trabalho com esses indivíduos.

Neste capítulo, você viu que a educação inclusiva em escolas regulares pode não ser tão inclusiva assim e que a educação bilíngue em escolas de surdos, apesar de ser uma solução mais adequada às necessidades dos alunos surdos, também carece de melhorias no que tange à qualidade do ensino, de seus profissionais e de inclusão social desses alunos por meio da mediação intercultural, que não ocorre na frequência ideal.

Políticas de inclusão *versus* educação bilíngue

Link

A matéria *Educação de surdos: uma nova filosofia* debate sobre uma pesquisa realizada pelo The National Technical Institute for the Deaf (NTID), que está mudando a forma como estudantes surdos estão sendo educados. Para ler a matéria, acesse o link a seguir.

https://goo.gl/MVojzL

Exercícios

1. Sobre a proposta educacional para alunos surdos, quais seriam os três fatores relevantes na educação bilíngue?

a) 1) Considera os fatores socioculturais da comunidade surda. 2) Considera a língua de sinais como parte primordial do processo de educação bilíngue. 3) Propõe um contexto escolar acessível para o aluno surdo no qual ele seja ensinado em sua L1, Libras, e que, por ser um contexto bilíngue (tenha acesso a dois idiomas), também aprenda o português na forma escrita como L2.

b) 1) Considera os fatores socioculturais da comunidade surda. 2) Valoriza a língua de sinais como parte essencial do processo de educação bilíngue. 3) Propõe um contexto escolar acessível para o aluno surdo no qual ele seja ensinado, em sua L1, Libras, e que, por ser um contexto bilíngue (tenha acesso a dois idiomas), também aprenda o português oral e na forma escrita como L2.

c) 1) Fatores socioculturais dos alunos são dispensáveis nesse processo. 2) Não reconhece a comunidade surda dentro da escola bilíngue. 3) Propõe que o surdo se comunique fluentemente na sua língua natural (Libras) e na modalidade oral-auditiva na forma escrita (português).

d) 1) Insere a língua de sinais desde o primeiro dia na proposta bilíngue. 2) A explicação ou o ensino dos conteúdos deve ser feita em português falado. 3) Apropriação dos sinais a partir da observação.

e) 1) A comunidade escolar utiliza a comunicação oral-auditiva. 2) O ensino da língua de sinais é realizado por um professor ouvinte. 3) Propõe apenas a comunicação fluente na língua portuguesa.

2. As políticas de inclusão de surdos nas escolas regulares não podem ser considingeradas plenamente inclusivas em sua prática por qual motivo?

a) Porque o português oral nem sempre é ofertado para o aluno surdo, o que dificulta o processo de terapia da fala realizado pelo fonoaudiólogo.

b) Porque o ensino não é ministrado em língua de sinais, mas em língua portuguesa, necessitando que um intérprete de Libras auxilie na comunicação, e porque o aluno surdo fica longe de seus pares (outros surdos).

c) Porque a sala de AEE pode não existir na escola regular em que o surdo foi matriculado.

d) Porque ele não consegue oralizar e, por isso, não existe forma de ele se comunicar com os demais colegas e professores.

e) Porque a escrita de sinais (*SignWriting*) não é ofertada na escola regular.

3. As salas de atendimento educacional especializado (AEE) são um serviço da educação especial que identifica, elabora e organiza recursos pedagógicos e de acessibilidade e tem como foco eliminar as barreiras para a plena participação dos alunos, considerando suas necessidades específicas. Nesse contexto, qual é a principal crítica da comunidade surda com relação às salas de AEE?

a) Que elas não ensinam a escrita de sinais (*SignWriting*) como recurso pedagógico e de acessibilidade para alunos surdos.

b) Que elas focam muito o ensino do português oral e pouco o ensino de Libras.

c) Que as aulas ofertadas nas salas de AEE acontecem todos os dias, o que cansa o aluno surdo, que não consegue acompanhar o ritmo de ensino-aprendizado.

d) Que elas têm turmas reduzidas, o que não favorece a interação com outros alunos.

e) Que elas focam muito no ensino do português escrito e pouco o ensino de Libras, isso quando não proíbem seu uso na sala de AEE.

4. As escolas inclusivas ou escolas regulares deixam a desejar em alguns fatores que são essenciais para a boa formação de um cidadão e de um sujeito surdo. Assinale a alternativa correta sobre esses fatores.

a) Muita interação com outro(s) aluno(s) surdo(s); intérpretes de Libras sem formação adequada.

b) O intérprete de Libras só será útil, como recurso de acessibilidade, quando o aluno surdo souber língua de sinas; o ensino acontece na segunda língua do sujeito surdo.

c) Não permitem que o aluno surdo interaja com os outros alunos ouvintes diretamente, somente por meio do intérprete de Libras; aprendizado da língua de sinais somente no AEE.

d) O aprendizado com base na vivência de experiências visuais é ignorado; a mediação intercultural é um fator que prejudica o aprendizado do aluno surdo.

e) Profissionais de educação inclusiva não estão preparados para proporcionar um ensino baseado na pedagogia surda; as aulas são ministradas na L1 do sujeito surdo (Libras).

5. Qual é o principal fator que acarreta na insistência do governo pelas escolas inclusivas para alunos surdos?

a) As escolas específicas para surdos são escolas não inclusivas, já que os alunos surdos têm pouco contato com outras crianças ouvintes.

b) Os surdos que nascem em cidades afastadas dos grandes centros são prejudicados, pois precisam abandonar suas famílias e viajar para as capitais, nas quais há escolas de surdos.

c) Elas existem em maior quantidade do que as escolas bilíngues para surdos, o que facilita do ponto de vista financeiro, já que criar escolas bilíngues para surdos sairia mais caro do que usar as escolas regulares que já existem.

d) As escolas bilíngues para surdos não ofertam a mediação intercultural que as escolas regulares oferecem.

e) Escolas de surdos não ensinam o português oral para os alunos, o que dificulta a formação de um cidadão ouvinte.

Referências

BRASIL. Constituição (1988). *Casa Civil — Presidência da República*. Disponível em: <http://www.planalto.gov.br/ccivil_03/constituicao/constituicao.htm>. Acesso em: 10 maio 2018.

BRASIL. Ministério da Educação. Decreto nº. 5.626, de 22 de dezembro de 2005. Regulamenta a Lei nº. 10.436, de 24 de abril de 2002, que dispõe sobre a Língua Brasileira de Sinais — Libras, e o art. 18 da Lei no 10.098, de 19 de dezembro de 2000. *Casa Civil — Presidência da República*. Disponível em: <http://www.planalto.gov.br/ccivil_03/_ato2004-2006/2005/decreto/d5626.htm>. Acesso em: 10 maio 2018.

BRASIL. Ministério da Educação. Decreto nº. 7.611, de 17 de novembro de 2011. Dispõe sobre a educação especial, o atendimento educacional especializado e dá outras providências. *Casa Civil — Presidência da República*. Disponível em: <http://www.planalto.gov.br/ccivil_03/_ato2011-2014/2011/decreto/d7611.htm>. Acesso em: 10 maio 2018.

MAFRA, R. Educação de surdos: uma nova filosofia. *Surdo para Surdo*, [s.l.], 21 jun. 2017. Disponível em: <https://blog.surdoparasurdo.com.br/educa%C3%A7%C3%A3o-de-surdos-uma-nova-filosofia-159cb5c27113>. Acesso em: 10 maio 2018.

Leituras recomendadas

BRASIL. Lei nº. 13.146, de 6 de julho de 2015. Institui a Lei Brasileira de Inclusão da Pessoa com Deficiência (Estatuto da Pessoa com Deficiência). *Casa Civil — Presidência da República*. Disponível em: <http://www.planalto.gov.br/ccivil_03/_ato2015-2018/2015/lei/l13146.htm>. Acesso em: 10 maio 2018.

BRASIL. Ministério da Educação. Lei nº. 10.436, de 24 de abril de 2002. Dispõe sobre a Língua Brasileira de Sinais — LIBRAS e dá outras providências. *Casa Civil — Presidência da República*. Disponível em: <http://www.planalto.gov.br/ccivil_03/Leis/2002/L10436.htm>. Acesso em: 10 maio 2018.

BRASIL. Ministério da Educação. Lei nº. 12.319, de 1º de setembro de 2010. Regulamenta a profissão de Tradutor e Intérprete da Língua Brasileira de Sinais — LIBRAS. *Casa Civil — Presidência da República*. Disponível em: <http://www.planalto.gov.br/ccivil_03/_ato2007-2010/2010/lei/l12319.htm>. Acesso em: 10 maio 2018.

GARCIA, E. C. *O que todo pedagogo precisa saber sobre libras*. 2. ed. rev. e ampl. Rio de Janeiro: Wak, 2015. 132 p.

SURDO PARA SURDO. *Ensine e aprenda de "Surdo para Surdo" através da plataforma de tutoria online para a Comunidade Surda*, [s.l.], [201-?]. Disponível em: <https://blog.surdoparasurdo.com.br/>. Acesso em: 10 maio 2018.

Bilinguismo

Objetivos de aprendizagem

Ao final deste texto, você deve apresentar os seguintes aprendizados:

- Definir o conceito e as principais orientações pedagógicas do bilinguismo.
- Reconhecer a importância da garantia do bilinguismo para os processos educacionais, culturais e sociais do século XXI.
- Descrever as práticas discursivas presentes nos fatores cognitivos, interacionais e socioculturais do bilinguismo.

Introdução

A educação de surdos no Brasil é uma questão que necessita ser urgentemente repensada, uma vez que as políticas públicas vêm sofrendo alterações e avançando nas garantias de direitos. Quando o aluno surdo ingressa em uma escola comum (regular), ele está adentrando num ambiente cuja língua de instrução é a portuguesa e cujo espaço não foi pensado para recebê-lo e formá-lo enquanto cidadão. É fundamental, nesse sentido, que as práticas, os métodos, as avaliações e os currículos sejam pensados e organizados de modo a contemplar os estudantes surdos em sua totalidade.

As discussões sobre a educação de surdos ganham corpo e movimento a partir da promulgação da Lei nº. 10.436, de 2002 (Lei de Libras), cujo objetivo foi reconhecer a língua brasileira de sinais (Libras) "como meio de comunicação da comunidade surda", posteriormente, foi aprovado o Decreto nº. 5.6262, de 2005, que regulamenta a Lei de Libras e traz novos e importantes elementos para subsidiar a inclusão desses sujeitos e da língua em nossa sociedade.

Neste capítulo, portanto, você aprenderá sobre o conceito e as principais orientações sobre o bilinguismo no contexto escolar, reconhecendo a importância de sua garantia no contexto em que vivemos e descrevendo as práticas discursivas presentes nos fatores cognitivos, interacionais e socioculturais do bilinguismo.

Bilinguismo: conceitos e orientações pedagógicas

Desde aprovação da Lei nº. 10.436/02 e do Decreto nº. 5.626/05, os surdos passaram a ser reconhecidos como grupos minoritários linguisticamente e culturalmente (FERNANDES; MOREIRA, 2014). A partir disso, tornou-se imprescindível pensar em uma nova abordagem educacional, o bilinguismo bicultural, que considera a língua de sinais como primeira língua (L1) e valoriza sua cultura e visualidade.

Link

Acesse os links a seguir para conhecer a Lei nº. 10.436/02 (Lei de Libras) e o Decreto nº 5.626/05.

https://goo.gl/EqQfXE

https://goo.gl/R9VjKr

No contexto da surdez, as escolas bilíngues também são chamadas de escolas de surdos e são aquelas em que a língua de sinais é a língua de instrução. Mas o que caracteriza o bilinguismo? De acordo com Slomski (2012), quando pretendemos "falar de bilinguismo, em primeiro lugar, faz-se necessário falar sobre dois tipos de bilinguismo", o bilinguismo e a diglossia, cunhados por Felipe (1989).

O bilinguismo, segundo Felipe (1989), envolve a competência e o desempenho em duas línguas, enquanto a diglossia é uma situação "linguística em que duas línguas estão em relação de complementariedade", ou seja, são usadas em momentos e situações diferentes. Em relação à surdez, o bilinguismo e a diglossia podem ocorrer sincronicamente, uma vez que o contato com as pessoas ouvintes os faz, em determinadas situações, usar a língua portuguesa para leitura e escrita.

Pereira et al. (2011) nos apresentam outro conceito de bilinguismo, que traz de forma mais explícita aquilo que procuramos entender em um contexto educacional. Nesse cenário, bilinguismo refere-se ao ensino de duas línguas para os surdos: "a primeira língua, a língua de sinais, e a segunda, a língua majoritária, ensinada preferencialmente na modalidade de leitura e escrita". É interessante, nesse sentido, destacar que o aprendizado da primeira dará sustentação para o aprendizado da segunda.

Essa é uma das principais questões do bilinguismo: o uso das duas línguas. Há um grande erro que faz parte do senso comum e que pode atravancar o desenvolvimento e/ou a implementação das escolas bilíngues em nosso país, que é a inclusão de tradutores intérpretes de Libras/língua portuguesa e de professores/instrutores surdos no quadro de funcionários das escolas comuns, afirmando que a existência desses profissionais constitui ou apresenta um espaço bilíngue de educação (XAVIER et al., 2016).

Slomski (2012) nos apresenta que 95% dos surdos nascem em famílias ouvintes, ou seja, frequentam, dentro de seu ambiente doméstico, uma situação monolíngue, mas o ideal é que esses surdos pudessem usufruir de uma situação bilíngue (Libras/língua portuguesa). Muitos surdos terão acesso tardiamente à língua de sinais, ou seja, somente quando ingressarem na educação básica inclusiva, o que não é suficiente. Veja, no Quadro 1, como Slomski (2012) apresenta o que seria caracterizado como bilinguismo ideal a partir de Jokinen (1999).

Quadro 1. Bilinguismo ideal

Língua de sinais (de modalidade espaço-visual)	Língua portuguesa (de modalidade escrita)
a) língua básica na comunicação diária; b) ferramenta básica para adquirir conhecimento e habilidade; c) usada na comunicação direta com os outros surdos; d) o estudante desenvolve-se social e emocionalmente.	a) usada, principalmente, no contexto escrito; b) preenche a função de uma língua escrita (colhendo informações e conhecimento).

Fonte: Slomski (2012).

É importante destacar que o bilinguismo se baseia em pressupostos teórico-metodológicos do modelo sociocultural de surdez (SLOMSKI, 2012) e fundamenta-se em diversas áreas do conhecimento, como a sociologia, a antropologia, a psicologia, a linguística e a educacional, sempre relacionando-se com a cultura e as identidades surdas. Esse fato nos mostra uma proposta educacional que extrapola o uso de duas línguas, envolvendo atores e instituições para além dos muros da escola.

Uma proposta pedagógica bilíngue oferece às crianças surdas as mesmas garantias de possibilidades de aprendizagem linguísticas e desenvolvimento psicológico de uma criança ouvinte. Para que isso aconteça, o ensino é ministrado em língua de sinais, que é uma língua natural para essa criança e sobre a qual ela tem maior domínio e fluência (SLOMSKI, 2012).

Uma prática pedagógica que merece espaço para análise é pedagogia visual, com a qual o uso de imagens, vídeos, mapas, maquetes, fotografias, entre outros recursos, é essencial para que se planeje uma aula dentro de uma proposta bilíngue. A pedagogia visual explora a língua de sinais e a visualidade do sujeito surdo como forma de potencializar seu aprendizado e dinamizar as aulas.

Sá e Sá (2015) destacam, em sua obra "Escolas Bilíngues de Surdos: por que não?", que os surdos precisam de escolas "linguisticamente específicas", cujo ambiente lhes traga um conforto linguístico de forma natural. No entanto, isso só será possível se houver um projeto pedagógico estruturado e bem delimitado para atender às suas especificidades em relação ao aprender, de preferência pensado por pessoas que conhecem a surdez (área do conhecimento). Esse ambiente necessita de vivacidade, de pares linguísticos, de modelos identitários e culturais, possibilitando, assim, às crianças surdas um espaço no qual elas naturalmente irão adquirir a língua de sinais.

É sobre esse ambiente que as escolas bilíngues precisam ser estruturadas, um ambiente vivo, natural, em que a língua de sinais possa circular de forma espontânea e sem amarras, favorecendo o desenvolvimento integral dos surdos.

Segundo Quadros (1997), os objetivos de uma escola bilíngue devem ser:

- criar um ambiente linguístico apropriado às formas particulares de processamento cognitivo e linguístico das crianças surdas;
- assegurar o desenvolvimento socioemocional íntegro das crianças surdas a partir da identificação com surdos adultos;
- garantir a possibilidade de a criança construir uma teoria de mundo;
- oportunizar o acesso completo à informação curricular e cultural.

Link

A educação de surdos nos apresenta inúmeras questões referentes a metodologias e concepções de ensino. No site da Editora Arara Azul, no link a seguir, você encontrará a Coleção Estudos Surdos completa para baixar.

https://goo.gl/EsZrA4

Questões culturais, identitárias e bilinguismo

A cultura surda e a proposta de educação bilíngue são duas questões que não se desassociam, não se separam, sempre caminham juntas, já que a prerrogativa do bilinguismo é a valorização da língua de sinais, da cultura, da comunidade e da identidade surdas.

Karin Strobel (2009), em seu livro "As imagens do outro sobre a Cultura Surda", aponta-nos oito artefatos que constituem o que ela define como cultura surda: experiência visual; linguístico; familiar; literatura surda; vida social e esportiva; artes visuais; política e materiais.

A **experiência visual** significa a utilização da visão para perceber o mundo ao seu redor. O surdo usa dessa experiência para ser, estar e se relacionar com o mundo à sua volta. O **artefato linguístico** traz um "aspecto fundamental" para a formação identitária do sujeito surdo. Segundo Strobel (2009), uma das principais marcas do povo surdo é a língua de sinais, por meio da qual os surdos vivem sua cultura, percebem o mundo em que vivem, captam as experiências visuais, transmitem o conhecimento que adquirem e se relacionam.

Esses dois artefatos destacados, experiência visual e linguístico, são os pilares de uma proposta bilíngue. Quando utilizamos uma metodologia visual e ministramos as aulas em língua de sinais, estamos usando e valorizando esses dois artefatos culturais surdos.

Para dar suporte à construção da(s) identidade(s) surda, além do contato precoce com a língua de sinais, outro fator importante é a identificação com um surdo adulto. Na proposta educacional bilíngue, o professor surdo ocupa um lugar de representação, ou seja, modelo linguístico, cultural, social, político e identitário para as crianças que frequentam a escola básica. Como apresentado anteriormente, cerca de 95% das crianças surdas são filhas de pais ouvintes, de modo que esse contato com surdos adultos é fundamental para o reconhecimento de suas características e para a construção de sua identidade.

As crianças surdas constroem sua subjetividade a partir do contato com o outro, das relações que estabelecem com esse modelo de identificação em "espaços de interidentificação". A escola bilíngue é um espaço propício para essa interidentificação, uma vez que facilita o encontro entre pares, descobertas, a subjetivação e as construções identitárias e culturais (MIRANDA; PERLIN, 2011). Perlin (2010) acrescenta que a identidade surda é construída dentro de uma cultura visual, corroborando com o que foi exposto.

Em um espaço bilíngue, todas as representações surdas acontecem porque o espaço educacional foi pensado por e para surdos. É importante destacar que não defendemos uma separação entre surdos e ouvintes, pelo contrário, acreditamos que o trabalho em conjunto contribui para uma melhor harmonização das questões relacionadas ao ensinar e ao aprender. Quando há surdos na equipe de gestão de uma escola bilíngue, é possível que sutilezas do "olhar surdo" possam ser melhor exploradas no cotidiano escolar.

Por longos anos, as práticas, os métodos, as avaliações e os currículos não representavam aquilo que de fato os surdos buscam: a valorização de sua cultura, língua e identidade(s). O currículo foi, e ainda é, instrumento de colonização quando reproduz discursos hegemônicos e práticas ouvintistas. Com a abordagem bilíngue, é possível que estejamos frente a um "currículo surdo", um currículo organizado para combater essas práticas de dominação e que valorize a cultura do olhar e as experiências visuais. Assim, é necessário que as práticas bilíngues se aproximem de um olhar antropológico e cultural da surdez.

Skliar (2010) apresenta três razões para o fracasso escolar dos surdos. Em primeiro lugar, atribui esse fracasso ao surdo, em decorrência de sua deficiência; em segundo lugar, há uma culpabilização dos professores ouvintes e, por fim, o fracasso está relacionado aos métodos de ensino. A discussão sobre esse fracasso é recorrente nas rodas de conversas entre professores e pesquisadores da área. Skliar (2010) atribui uma justificativa para isso, apresentando-a como um fracasso da instituição-escola, das políticas públicas e da responsabilidade do Estado — isso pensado a partir de uma perspectiva inclusiva, de desvalorização de todas as questões que perpassam o sujeito surdo.

Quando trabalhamos numa concepção antropológica, cultural, social, política e bilíngue da surdez, a deficiência dá lugar à diferença e a culpa não será mais dos professores ouvintes e de nenhum outro professor, pois as aulas serão ministradas em língua de sinais e não haverá métodos limitados, uma vez que as orientações, o planejamento e a organização escolar serão pensados por/com e para surdos.

 Fique atento

A cultura surda é o jeito surdo de ser, de perceber, de sentir, de vivenciar, de comunicar e de transformar o mundo para torná-lo habitável (PERLIN, 2010).

> **Saiba mais**
>
> Para saber mais sobre a cultura surda, leia o livro "Cultura Surda na Contemporaneidade: negociações, intercorrências e provocações", organizado por Lodenir Karnopp, Madalena Klein e Márcia Lise Lunardi-Lazzarin, publicado pela editora da ULBRA (2011).

Práticas discursivas

A comunidade surda vem lutando por uma educação de qualidade há anos, por uma educação que contemple suas especificidades e valorize sua língua e sua cultura. Assim, encontrou, na proposta bilíngue, um modelo que atenda a seus anseios. Concomitantemente, a luta por uma sociedade mais inclusiva também é fruto desses movimentos, pois a escola é reflexo da sociedade.

Mesmo com aprovações de inúmeras legislações que garantem acessibilidade (comunicacional, informacional entre outras), que é um direito, os surdos continuam a encontrar barreiras nos mais diferentes espaços públicos e privados de nosso país. É necessário que consigamos romper com a principal das barreiras, que é a atitudinal. Esse rompimento se dará a partir do momento em que a sociedade compreender que vivemos e convivemos na/com a diversidade.

A maioria de nossas escolas não são inclusivas, ou seja, a língua de instrução não é a língua de sinais, e sim a língua portuguesa. Isso faz com que o número de alunos surdos matriculados nesses estabelecimentos de ensino seja o menor possível, uma vez que a Lei Brasileira de Diretrizes e Bases da Educação Nacional (LDBEN) (BRASIL, 1996) permite que os alunos sejam matriculados nas escolas próximas de sua residência. Esse modelo de educação não é o aprovado pela comunidade surda, pois traz uma estrutura que não considera as questões sobre a surdez.

Com um ensino que não atende às suas especificidades educativas, os surdos têm uma formação básica precária e acabam por carregar um estigma de uma pessoa que não produz aquilo que a sociedade espera. É importante lembrar que percebemos a deficiência como um constructo social, ou seja, a deficiência não está no sujeito, e sim na sociedade, nas barreiras por ela construídas. Com essa marca, o ingresso no mercado de trabalho acontece, na maioria dos casos, por/para funções menos valorizadas.

Nesse sentido, o bilinguismo traz um reconhecimento político da surdez (área do conhecimento) e do surdo como diferença, além do reconhecimento desse grupo enquanto uma minoria linguística. Assim, a educação de surdos é mais que uma abordagem de ensino, pois fornece outros paradigmas epistemológicos, além de subverter papéis, crenças e atitudes (SLOMSKI, 2012).

De acordo com Quadros e Cruz (2012), há um mito que defende a ideia de que, quando as crianças surdas têm contato com a língua de sinais, elas estariam impossibilitadas de aprender uma língua oral. Ainda segundo as autoras, as pesquisas sobre bilinguismo são crescentes e apontam para vantagens cognitivas quando há o aprendizado de mais de uma língua. Segundo Quadros (1997), a proposta bilíngue está relacionada com a concepção de Gramática Universal: todos nós, seres humanos, possuímos um dispositivo de aquisição de linguagem, e esse é acionado a partir de nossa experiência linguística. No caso das crianças surdas, esse dispositivo será acionado mediante contato com a língua de sinais, e não com a língua portuguesa (QUADROS, 1997). A criança surda pode, e deve, aprender a língua portuguesa, mas isso nunca acontecerá de forma natural, como acontece com a Libras.

Exercícios

1. Sá e Sá (2015) destacam, em sua obra "Escolas Bilíngues de Surdos, por que não?", que os surdos precisam de escolas "linguisticamente específicas". Para que isso aconteça, é necessário que:
a) as aulas sejam ministradas em língua portuguesa, com a presença de tradutores-intérpretes de línguas orais.
b) as aulas sejam ministradas em língua portuguesa, com a presença de tradutores-intérpretes de línguas de sinais.
c) as aulas sejam ministradas em línguas de sinais e o ambiente não necessita estar de acordo com a visualidade do surdo.
d) as aulas sejam ministradas em línguas de sinais e que o ambiente traga um conforto linguistico para esse sujeito.
e) as aulas sejam ministradas em línguas de sinais, com a presença de tradutores-intérpretes de línguas orais e um ambiente pouco visual.

2. O bilinguismo é uma proposta que busca tornar acessível o conhecimento escolar por meio da língua de sinais, utilizada como língua de instrução, o que os surdos têm apontado como a melhor estratégia de ensino na atualidade. Qual alternativa a seguir está de acordo com a ideia apresentada?

a) O bilinguismo visa a aproximação da criança surda com a comunidade ouvinte, enfatizando o ensino da segunda língua, língua majoritária, como fundamental e apoiado no uso da fala.

b) O bilinguismo é uma proposta que possibilita ao surdo o aprendizado de duas línguas, a língua de sinais e a língua majoritária, essa última na modalidade escrita.

c) O bilinguismo é uma proposta educacional cujo modelo linguístico busca a aproximação com a comunidade ouvinte.

d) O bilinguismo é uma proposta que possibilita ao surdo o aprendizado de duas línguas, a língua de sinais e a língua portuguesa, essa última na modalidade oral.

e) Esse modelo combina sinais, gestos, mímicas e objetos para uma comunicação mais eficiente.

3. Sabe-se que a comunidade surda defende a escola e o ensino bilíngue. Nas alternativas a seguir, qual está de acordo com essa ideia?

a) Respeitar a experiência visual dos surdos por meio da presença de profissionais preferencialmente ouvintes.

b) A língua de sinais como língua de instrução e o ensino do português oral.

c) Suprimir conteúdos que os surdos não são capazes de aprender e/ou o intérprete não conseguir interpretar.

d) Privilegiar o contato com a cultura ouvinte e garantir essa cultura como modelo.

e) Adotar a língua de sinais como língua de instrução, respeitando sua experiência visual por meio da presença de profissionais bilíngues.

4. No modelo bilíngue de educação, existem duas línguas envolvidas: a língua de sinais e a língua portuguesa. Slomski (2012) nos apresenta um dado muito importante nesse cenário: 95% das crianças surdas são filhas de pais ouvintes. Essa informação está de acordo com qual alternativa?

a) As crianças surdas possuem modelos culturais em casa.

b) As crianças surdas adquirem a língua de sinais tardiamente.

c) As crianças surdas possuem um ambiente doméstico bilíngue.

d) As crianças surdas não possuem atrasos na aquisição da língua.

e) As crianças surdas entram em contato com a língua de sinais desde o nascimento.

5. A partir da promulgação da Lei nº. 10.436 de 2002 e do Decreto nº. 5.626 de 2005, o movimento surdo ganha força nacionalmente e a luta por uma educação de qualidade também. Com base na aprovação dessas legislações, os surdos passam a ser reconhecidos como:

a) deficientes auditivos.

b) surdos-mudos.

c) monolíngues.

d) bilíngues.

e) minorias.

Referências

BRASIL. *Lei nº 9.394, de 20 de dezembro de 1996*. Estabelece as diretrizes e bases da educação nacional. Brasília, DF, 1996. Disponível em: <http://www.planalto.gov.br/ccivil_03/Leis/L9394.htm>. Acesso em: 26 nov. 2018.

FELIPE, T. A. Bilinguismo e surdez. *Trabalhos de Linguística Aplicada*, v. 14, 1989. Disponível em: <https://periodicos.sbu.unicamp.br/ojs/index.php/tla/article/view/8639105>. Acesso em: 23 nov. 2018.

FERNANDES, S.; MOREIRA, L. C. Políticas de educação bilíngue para Surdos: o contexto brasileiro. *Educar em Revista*, n. esp. 2, p. 51-69, 2014. Disponível em: <http://www.scielo.br/scielo.php?pid=S0104-40602014000600005&script=sci_arttext>. Acesso em: 23 nov. 2018.

MIRANDA, W.; PERLIN, G. A. Performatividade em educação de surdos. In: SÁ, N. R. L. (Org.). *Surdos*: qual escola? Manaus: Valer/Edua, 2011. Disponível em: <http://www.socepel.com.br/_arquivos/LIVRO_SOBRE_SURDOS/Surdos_Qual_Escolar.pdf>. Acesso em: 23 nov. 2018.

PEREIRA, M. C. C. et al. *Libras*: conhecimento além dos sinais. São Paulo. Pearson Prentice Hall, 2011.

PERLIN, G. Identidades Surdas. IN: SKLIAR, C. (Org.). *A surdez*: um olhar sobre as diferenças. Porto Alegre: Mediação, 2010.

QUADROS, R. M. *Educação de surdos*: a aquisição da linguagem. Porto Alegre: Artmed, 1997.

QUADROS, R. M.; CRUZ, C. R. *Língua de sinais*: instrumentos de avaliação. Porto Alegre: Penso, 2012.

SÁ, N. P.; SÁ, N. L. *Escolas bilíngues de surdos*: por que não? Manaus: EDUA, 2015.

SKLIAR, C. (Org.). *A surdez*: um olhar sobre as diferenças. Porto Alegre: Mediação, 2010.

SLOMSKI, V. G. *Educação bilíngue para surdos*: concepções e implicações práticas. Curitiba: Juruá, 2012.

STROBEL, K. *As imagens do outro sobre a cultura surda*. Florianópolis: Ed. UFSC, 2009.

XAVIER, A. P. et al. Educação bilíngue de surdos: uma proposta de implementação na Rede Municipal de Educação de Juiz de Fora, MG. *Revista Letras Raras*, v. 5, ano 5, n. 1, p. 27-34, ago. 2016. Disponível em: <http://revistas.ufcg.edu.br/ch/index.php/RLR/article/view/576>. Acesso em: 24 nov. 2018.

Leituras recomendadas

BRASIL. *Lei nº 10.436, de 24 de abril de 2002*. Dispõe sobre a Língua Brasileira de Sinais - Libras e dá outras providências. Brasília, DF, 2002. Disponível em: <http://www.planalto.gov.br/ccivil_03/LEIS/2002/L10436.htm>. Acesso em: 26 nov. 2018.

CAMPELLO, A. R. S. Pedagogia visual: sinal na educação dos surdos. In: QUADROS, R. M.; PERLIN, G. (Org.). *Estudos surdos II*. Petrópolis: Arara Azul, 2007.

FERNANDES, E. (Org.). *Surdez e bilinguismo*. Porto Alegre: Mediação, 2010.

JOKINEN, M. Alguns pontos de vista sobre a educação dos surdos nos Países Baixos. In: SKLIAR, C. (Org.). *Atualidade da Educação Bilíngue para Surdos*. Porto Alegre: Mediação, 1999.KARNOPP, L. B.; KLEIN, M.; LUNARDI-LAZZARIN, M. L. (Org.). *Cultura surda na contemporaneidade*: negociações, intercorrências e provocações. Canoas: Ed. ULBRA, 2011.

NOVAES, E. C. *Surdos*: educação, direito e cidadania. Rio de Janeiro: WAK, 2010.

SKLIAR, C. (Org.). *Atualidades da educação bilíngue para surdos*: processos e projetos pedagógicos. Porto Alegre: Mediação, 1999.

UNIDADE **3**

Estágios de interlíngua na aprendizagem da língua brasileira de sinais

Objetivos de aprendizagem

Ao final deste texto, você deve apresentar os seguintes aprendizados:

- Definir a importância do estágio de interlíngua para a educação dos surdos.
- Reconhecer o estágio de interlíngua na aquisição da língua brasileira de sinais por sujeitos surdos.
- Comparar as diferenças estruturais da língua portuguesa com a da língua de sinais.

Introdução

O estágio de interlíngua na educação de surdos é algo natural, pois a criança surda geralmente cresce rodeada por duas línguas e, ao entrar em contato com uma delas, não deixa de lado a outra, e vice-versa, tanto no processo de ensino-aprendizagem quanto em contextos comunicacionais do seu dia a dia.

Neste capítulo, você conhecerá o conceito de interlíngua e sua relação com a educação de surdos e a Libras, vendo a diferença entre a estrutura dessa língua e a da língua portuguesa.

Interlíngua — caracterização, semelhanças, interferência e fossilização

A interlíngua representa uma linguagem produzida por falante que não é nativo de uma língua ao iniciar o seu aprendizado e é caracterizada pela interferência da língua materna ou natural (L1) durante o processo de aprendizagem. Em alguns casos, a L1 possui um maior ou menor aproveitamento na formação de uma interlíngua, quando as habilidades linguísticas prévias da L1 encontram semelhanças na língua-alvo a ser aprendida.

Se em algumas situações existe semelhança entre a L1 e a que será aprendida, em outras, pode ocorrer uma **interferência** entre elas e, consequentemente, na formação da interlíngua. Nesse último caso, há certa interferência ou ocorrência de formas de uma língua na outra, o que cria desvios perceptíveis na pronúncia, na formação de vocabulário, na estruturação de frases, etc.

Já a **fossilização** (ou **congelamento**) seria a existência de erros ou desvios no uso da segunda língua (L2) que ficam internalizados nela e, por isso, são difíceis de serem reparados futuramente.

Os estágios de interlíngua na aprendizagem da língua brasileira de sinais

Do ponto de vista do sujeito surdo, deve-se ter em mente que existem diversos cenários em que a criança pode ser enquadrada, e cada um deles gera um tipo diferente de estágio de interlíngua. Veja, no Quadro 1, como funciona o cenário de aprendizado de uma L2 por uma criança ouvinte filha de pais ouvintes.

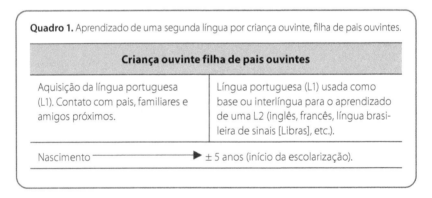

Quadro 1. Aprendizado de uma segunda língua por criança ouvinte, filha de pais ouvintes.

Criança ouvinte filha de pais ouvintes	
Aquisição da língua portuguesa (L1). Contato com pais, familiares e amigos próximos.	Língua portuguesa (L1) usada como base ou interlíngua para o aprendizado de uma L2 (inglês, francês, língua brasileira de sinais [Libras], etc.).
Nascimento ⟶	± 5 anos (início da escolarização).

Nesse cenário, o qual é o mais comum de acontecer, independentemente do país, desde o nascimento, a criança ouvinte tem contato com sua L1 e, a partir da escolarização, começa a ter contato com sua L2. A partir desse ponto, ela utilizará sua L1 como interlíngua para desenvolver e aprender sua L2 no contexto de sala de aula. Se puder passar um período fora, em contato com os nativos da L2 que deseja aprender, será melhor ainda, mas, se isso não acontecer, ela ainda terá sua L1 sendo fortemente adquirida todos os dias no contato com os falantes de língua portuguesa.

No Quadro 2, você pode ver como funciona o cenário de aprendizado/aquisição de uma L2 por uma criança ouvinte filha de pais surdos.

Quadro 2. Aprendizado de uma segunda língua por criança ouvinte, filha de pais surdos.

Criança ouvinte filha de pais surdos	
Aquisição da língua de sinais (L2), desde os primeiros dias de vida, e da língua portuguesa (L1) quando em contato com ouvintes.	Língua de sinais (L2) sendo usada como base ou interlíngua para o aprendizado/aquisição da língua portuguesa (L1).
Nascimento ⟶	± 5 anos (início da escolarização).

Nesse exemplo, há uma criança ouvinte que nasceu em um lar surdo e o seu único contato, na maior parte do dia, será com os pais. Se pelo menos um dos pais fosse ouvinte, ela teria uma referência das duas línguas (português e Libras) no seu espaço de criação, o que resultaria em um ambiente bilíngue de aquisição de linguagem. Contudo, como seus pais são surdos, a criança pode ter, ou não, um maior contato com ouvintes, o que dependerá de cada caso — se ela fica parte do dia em uma creche ou somente com um dos pais em casa. Ao iniciar a escolarização, ela possivelmente apresentará algumas particularidades no uso da língua portuguesa, tanto na pronúncia quanto na escrita (caso ela já domine o alfabeto, o que é possível, por ele ser um elo importante para utilizar a datilologia em Libras).

Ao iniciar a educação básica, em escola regular, a criança certamente utilizará seu conhecimento da Libras como interlíngua para desenvolver a aquisição da língua portuguesa oral e escrita. Nesse ponto, em sala de aula, o profissional não deve confundir a dificuldade da criança em usar a língua portuguesa com algum problema de aprendizagem, pois as línguas de sinais possuem uma modalidade diferente das orais — as de sinais são de modalidade visuoespacial; e as orais, de modalidade oral-auditiva. Com o passar do tempo, a criança filha de pais surdos (CODA, um acrônimo para *Child of Deaf Adults*) terá sua evolução na língua portuguesa de forma natural, tanto aprendendo em sala de aula quanto no contato com outros ouvintes, e continuará usando a língua de sinais, naturalmente adquirida, no contato com seus pais surdos.

Fique atento

Na década de 1980, o acrônimo CODA ganhou popularidade, sobretudo pela fundação da sua organização internacional, que, sediada nos Estados Unidos da América, dedica-se à promoção de temas relacionados às experiências de filhos ouvintes de pais surdos mundo afora. Hoje, o termo CODA é empregado em diversos países, inclusive no Brasil, para retratar indivíduos que reafirmam essa experiência (comumente bilíngues e biculturais). Muitos deles, como usuários nativos das línguas de sinais, são tradutores e intérpretes, ajudando seus familiares surdos.

Veja, no Quadro 3, como funciona o cenário de aprendizado de uma L2 por uma criança surda filha de pais surdos.

Quadro 3. Aprendizado de uma segunda língua por criança surda, filha de pais surdos.

Criança surda filha de pais surdos	
Acesso à língua de sinais (L1) desde os primeiros dias de vida.	Língua de sinais (L1) sendo usada como base ou interlíngua para a aquisição da língua portuguesa (L2).
Nascimento ⟶	± 5 anos (início da escolarização).

Nesse caso, há o exemplo que representa os 5% de casos de crianças surdas que nascem em lar surdo, contra 95% daquelas que nascem em lar ouvinte. Ela terá acesso à língua de sinais desde o primeiro dia e, provavelmente, será matriculada em uma escola bilíngue para surdos, em que seu desenvolvimento da L1 será muito similar ao de uma criança ouvinte, que nasce em lar ouvinte, cresce rodeada de ouvintes e vai à escola para aprender em língua portuguesa. Para o filho surdo de pais surdos, acontece o mesmo, pois ele nasceu em um lar surdo, crescerá no meio da comunidade surda e irá à escola de surdos, na qual assistirá as aulas sendo ministradas em língua de sinais.

Quando esse aluno tiver que desenvolver a sua L2 (português), pois o ensino e o uso da Libras não substituem o aprendizado da língua portuguesa escrita, ele usará a sua L1 (Libras) como interlíngua para desenvolver sua escrita em L2. Pelo fato de as duas línguas serem de modalidades distintas, a construção do aluno surdo e do futuro adulto surdo dificilmente será igual ao de um ouvinte, cuja L1 é o português.

Exemplo

Veja, a seguir, como é a escrita de uma criança surda filha de pais surdos em um texto redigido por um aluno da 7ª série do Ensino Fundamental.

Meu sonho futuro computador e Libras

Meu sonho futuro estudade Unisc é computador. Eu não tenho curso computador, mas preciso curso computador importante palavra compreender depois mais facil palavra. Depois muito estudade ganhei passa depois Unisc
Computador, mas eu vai perdeu estudade por que uma professora ciência é ruim. Eu quero reclama professora ciença precisa interprete Libras. Mas 6ª CRE é por causa mandar professoras troca materia é ruim 6ª CRE igual podiam. Não podiam 6ª CRE nunca psicolego surdos. Que faz surdos sempre perdeu. [...]

Fonte: Bertó e Gabriel (2007, p. 197-198).

Nota-se que a construção desse aluno apresenta falta de acentuação em algumas palavras, dificuldade de concordância verbal e nominal, bem como pouco uso de artigos, preposições e conjunções. Nesse contexto, na opinião de Chaves e Rosa (2014, p. 6):

> [...] enunciados curtos, vocabulário reduzido, ausência de artigos, de preposições, de concordância nominal e verbal, uso reduzido de diferentes tempos verbais, ausência de conectivos (conjunções, pronomes relativos e outros), falta de afixos e verbos de ligação, além de uma suposta colocação aleatória de constituintes na oração. [...] devido ao fato de os surdos se encontrarem em estágios do processo de ensino-aprendizagem de uma segunda língua, no caso o português, e porque a língua que o surdo tem como legítima e usa não é a mesma que serve como base ao sistema escrito, por ser um sistema visuomanual, portanto muito diferente do oral-auditivo.

Entretanto, existe uma grande importância no uso da Libras como interlíngua na educação de surdos, principalmente, no aprendizado da língua portuguesa como L2. De acordo com Capovilla (2012) apud VideosdoNN (2012, documento on-line), "a língua materna, de sinais, é que deve servir de ponte para a introdução do português. Mas, como as crianças custam a aprender Libras, ela tem sido uma ponte quebrada".

Quanto a uma criança surda filha de pais surdos, o uso da sua L1 (Libras) como uma interlíngua para fazer uma ponte de aprendizado da língua portuguesa escrita é muito importante, bem como para ampliar seu vocabulário no momento em que ela usar a datilologia de palavras, tanto na produção de palavras que não tenham sinal quanto na visualização de alguém fazendo a datilologia. Nesse último exemplo, é comum o ouvinte que não sabe direito a língua de sinais usar muito o datilológico de palavras e, se o surdo tiver um vocabulário bom de palavras em português, ele conseguirá automaticamente fazer a ponte interlingual para o sinal ou o equivalente em significado em Libras.

No Quadro 4, você pode observar como funciona o cenário de aprendizado de uma L2 por uma criança surda filha de pais ouvintes.

Quadro 4. Aprendizado de uma segunda língua por criança surda, filha de pais surdos.

Criança surda filha de pais ouvintes	
Sem acesso à língua de sinais e à língua portuguesa devido à falta de audição.	Língua portuguesa (L2) sendo usada como base ou interlíngua para o aprendizado de uma L1 (Libras).
Nascimento ⟶ ± 5 anos (início da escolarização).	

Esse exemplo é o mais clássico e preocupante de todos: a criança surda nascida em lar ouvinte representa 95% dos casos no mundo. Nesse cenário, há os quadros mais graves de privação linguística, nos quais a criança pode ficar anos sem exercitar a fundo algum tipo de linguagem humana, oral ou sinalizada. Além disso, ela dificilmente tem acesso à língua de sinais nos primeiros anos e, por mais que tenha acesso ao português oralizado pelos pais, não será afetada por ele, pois é surda e vê somente bocas se mexendo.

Antes de chegar à educação básica, a criança já passou por diversos médicos especialistas, usa aparelho auditivo e faz terapia da fala com o fonoaudiólogo, e seus pais podem estar cogitando que ela faça uma cirurgia de implante coclear (se já não tiverem colocado o aparelho na sua cabeça antes dos 5 anos). Essa criança surda que nasce em lar ouvinte, em geral, sofre com a falta da língua de sinais e a resistência dos pais em levá-la à comunidade e à cultura surda. Os abalos psicológicos e emocionais que surgem na infância e se mantêm na fase adulta devem ser evitados, o que é possível ao oferecer à criança acesso à construção de sua identidade como ser surdo.

Ainda com base nesse cenário, ao chegar à educação básica, geralmente em escola regular, essa criança tem pouco ou quase nenhum conhecimento da língua portuguesa oral e escrita; por isso, é muito difícil criar uma interlíngua baseada no português para fazer uma ponte de aquisição da Libras. Na verdade, deveria ocorrer o contrário.

Se a criança não tem base nenhuma de sua L1 (Libras), como ela fará a ponte de interlíngua? Seria o mesmo que deixar uma criança brasileira que ainda não domina o português oral e não sabe Libras vivendo com uma família de surdos por um tempo, por exemplo, 5 anos, e dizer para ela usar a língua portuguesa como interlíngua para aprender a Libras.

A relação de interlíngua que a criança surda pode criar, servindo como ponte entre a língua portuguesa e a Libras, é o sistema datilológico, em que saber o alfabeto em português é fundamental para aprender as configurações de mãos. Para a criança, usar sinais e a própria Libras independe de já conhecer o alfabeto, porém, mais tarde, esse conhecimento será necessário como um recurso de empréstimo linguístico, em que as palavras em português são utilizadas por empréstimo na falta de um sinal em língua de sinais ou para reforçar a sinalização. Por exemplo, o surdo faz o sinal de empoderamento e, logo após, usa o datilológico para reforçar exatamente a qual palavra aquele sinal se refere.

Exemplo

Você pode ver, a seguir, como é a escrita de uma criança surda filha de pais ouvintes em um texto redigido por um aluno da 7ª série do Ensino Fundamental.

Lutando por Surdos

Aqui Santa Cruz do Sul estamos lutando por instruto de Libras, os surdos perdero Libras precisa ter. E muito importante por surdos. Os surdos precisa igual ouvinte tem poderoso diretor. Si tem Libras é bom para os Surdos entender bem trocando palavras colega. Aprende como é Feneis tudo tem mais. Não queremos professoras sem Libras, precisa aprender mais Libras. Como os surdos vão aprender já perdeu tudo disciplina aula. Ante eram ótima as professoras sabem bem Libras, surdo gostavam as professoras, pra que troca não sabem nada Libras. Esina nada como os surdos vão entender, so fica bate-papo, também professora não sabem nada. [...]

Fonte: Bertó e Gabriel (2007, p. 196-197).

Nota-se que, em comparação ao primeiro exemplo do texto, produzido por um aluno surdo filho de pais surdos, este, que é filho de pais ouvintes, tem uma construção de escrita mais fácil de compreender, e muito dessa diferença se deve à influência dos pais.

Algo muito importante nessa relação entre L1 e L2 é ter em mente que a criança surda filha de pais ouvintes e a filha de pais surdos terão uma escrita do português mais enraizada na estrutura de produção da língua de sinais, que se caracteriza, na sinalização, por suprimir proposições e conjunções, bem como por ter outras formas de conjugar verbos, atribuir plural e gênero aos elementos da frase. Devido a isso, não se deve esperar que a escrita do sujeito surdo, ao chegar à fase adulta, seja muito melhor do que os textos que serviram de exemplos.

Contudo, você pode conhecer um surdo que escreve muito melhor do que no exemplo citado. Cada caso é diferente, e todos os indivíduos têm sua própria bagagem de aprendizado ou vivência. Por isso, existem diferenças nas produções de escrita em português entre os surdos, e alguns deles, inclusive, chegam muito próximo ao nível de um ouvinte, mas são exceções construídas por meio de uma boa capacidade intelectual e muito estudo da língua portuguesa escrita.

Escrita de sinais como recurso para aquisição da língua brasileira de sinais

A escrita de sinais é vista por alguns como uma das saídas para melhorar o ensino de crianças surdas. De acordo com Capovilla e Capovilla (2004, p. 37):

> [...] é a escrita, mais que apenas a língua primária do dia a dia, que unifica as pessoas nas dimensões do espaço e do tempo, formando sua identidade como um povo constituído geográfica e historicamente ao longo de gerações. A escrita de qualquer povo significa a oportunidade de gerações futuras terem conhecimento dos pensamentos e da organização da sociedade de seus antepassados. Qualquer povo tem necessidade do contato com a sua história e a escrita é de fundamental importância para que isso aconteça. O conhecimento da cultura de uma comunidade é fator contribuinte para o desenvolvimento e a construção da identidade de sujeito do presente e do futuro.

Segundo Stumpf, "o processo de aquisição da escrita pelo surdo é pouco conhecido e tem gerado diferentes estudos tanto para o ensino quanto para o processo de construção da escrita". Além disso, "a escrita da língua de sinais, por motivos que certamente não são os da lógica, tem sido ignorada pelas escolas de surdos" (STUMPF, 2005, p. 147).

Fique atento

De acordo com Capovilla e Capovilla (2004, p. 43), "o *SignWriting* é um sistema secundário de representação de informação baseado no sistema primário que é a língua de sinais". Tal como a língua oral se constitui como primária e a escrita alfabética como secundária para ouvintes, a língua de sinais se apresenta como primária, e a sua escrita (*SignWriting*), secundária para o sujeito surdo.

Portanto, é possível utilizar a escrita de sinais como recurso linguístico no aprendizado da língua de sinais, pois ambas pertencem à mesma modalidade, visuoespacial. Ao forçar o encaixe entre duas línguas de modalidades diferentes (Libras e língua portuguesa), inevitavelmente acontece a interferência da Libras (L1) na língua portuguesa escrita (L2) e, assim, uma forma de escrever diferente dos ouvintes, mas que, para um surdo e para as pessoas que conhecem a cultura surda e entendem como as línguas de sinais funcionam, é algo normal.

Existem algumas formas de escrita de sinais elaboradas no decorrer da história. A seguir, você pode ver as principais delas.

- *Mimographie* (Figura 1).

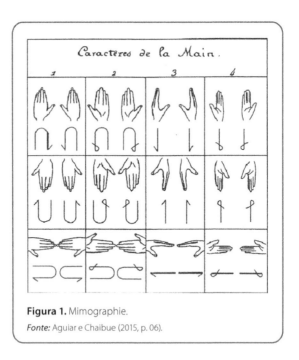

Figura 1. Mimographie.
Fonte: Aguiar e Chaibue (2015, p. 06).

- Notação de Stokoe, *HamNoSys* e ELiS (Figura 2).

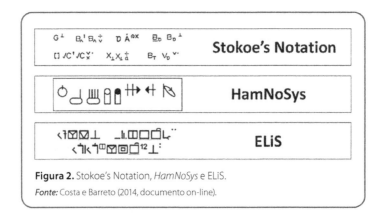

Figura 2. Stokoe's Notation, *HamNoSys* e ELiS.
Fonte: Costa e Barreto (2014, documento on-line).

- *SignWriting* (escrita gestual ou de sinais): é um sistema de escrita das línguas de sinais que expressa os movimentos e a forma das mãos, as marcas não manuais e os pontos de articulação. Veja exemplos, incluindo o alfabeto e os números, nas Figuras 3 e 4.

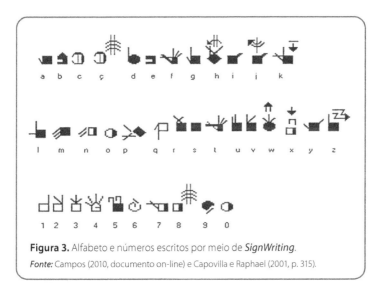

Figura 3. Alfabeto e números escritos por meio de *SignWriting*.
Fonte: Campos (2010, documento on-line) e Capovilla e Raphael (2001, p. 315).

Figura 4. *Signwriting*.
Fonte: Domingos (2012, documento on-line).

Até pouco tempo atrás, as únicas formas de registro das línguas de sinais eram em vídeos ou imagens, as quais continuam a ser um modo valioso de guardar informações e contar a história da comunidade surda. Entretanto, acrescenta-se, agora, mais um tipo de registro, o sistema de escrita de sinais.

Esse método não segue a ordem usual de outros sistemas de escrita nem a ordem ou estrutura da língua oral do país onde a língua de sinais está inserida. No Brasil, é o sistema de escrita de sinais mais utilizado para o ensino de surdos.

A língua de sinais escrita é representada por vários tipos de escrita existentes no mundo, mas, no Brasil, o *SignWriting* tem mais estudos e pesquisas, sendo usado, inclusive, como forma de ensino por algumas escolas e professores surdos, que a consideram a melhor entre as opções. Nesse contexto, esse sistema pode ser usado como recurso linguístico atrelado à língua de sinais, complementando o programa bilíngue e oferecendo ao sujeito surdo uma educação tanto em língua de sinais sinalizada quanto na escrita.

Link

Acesse o link a seguir para ter acesso às informações sobre o *SignWriting* e a cultura surda.

https://goo.gl/SnwsQV

Exercícios

1. Há uma notória diferença no desempenho linguístico desses sujeitos surdos, pois não sofreram tanta influência da língua oral-auditiva (L2), isto é, a língua portuguesa, no processo de aquisição e desenvolvimento da língua de sinais (L1). A que tipo de família de surdos se refere essa sentença?
a) Pais surdos e filhos surdos.
b) Pais ouvintes e filhos surdos.
c) Pais ouvintes e filhos ouvintes.
d) Pais surdos e filhos CODAS.
e) Pais surdo-cegos e filhos ouvintes.

2. A interlíngua pode ser definida como a linguagem produzida por um falante não nativo a partir do início do aprendizado, caracterizada pela:
a) adaptação linguística de sua L2 durante boa parte da aquisição.
b) interferência de sua L1 durante boa parte do aprendizado.
c) adaptação de sua L2 durante boa parte do desenvolvimento.

d) equivalência linguística de sua L1 durante boa parte do aprendizado.

e) interferência de sua L2 durante boa parte do aprendizado.

3. O processo de fossilização ou cristalização ao longo do aprendizado é representado como:

a) as falhas ou irregularidades no uso de outra língua (que não a adicional), que ficam internalizadas no indivíduo e que são extremamente difíceis de serem corrigidas futuramente.

b) os acertos ou padrões de uso correto de outra língua (que não a natural), que ficam internalizados no indivíduo após ele atingir o nível de um nativo.

c) o congelamento do modo de usar outra língua (que não a natural), que fica internalizado no indivíduo após ele atingir o nível de um nativo.

d) os erros ou padrões de uso correto de outra língua (que não a adicional), que ficam internalizados no indivíduo após ele atingir o nível de um nativo.

e) os erros e desvios no uso de outra língua (que não a natural), que ficam internalizados no indivíduo e que são extremamente difíceis de serem corrigidos futuramente.

4. Sobre estágios de interlíngua de uma criança surda imersa na cultura ouvinte (pais ouvintes, família ouvinte, escola regular, etc.), podemos dizer que quanto mais cedo ela iniciar a aquisição e o desenvolvimento da língua de sinais e a imersão na cultura surda:

a) mais tempo ela levará para chegar ao estágio ou nível de um nativo.

b) maiores são as chances de ela sofrer privação linguística.

c) menos tempo ela levará para chegar ao estágio ou ao nível de um nativo.

d) mais propensa ela ficará a desenvolver problemas emocionais e psicológicos.

e) menores são as chances de ela aprender o português oral.

5. Como a sentença "Depois do trabalho, vou para casa" poderia ser reescrita usando a estrutura da língua brasileira de sinais (Libras)?

a) Depois trabalhar eu ir para casa.

b) Trabalhar depois eu vou casa.

c) Eu trabalho depois eu ir para casa.

d) Eu trabalhar fim depois ir casa.

e) Depois eu ir casa para trabalho.

Referências

AGUIAR, T. C.; CHAIBUE, K. Histórico das Escritas de Língua de Sinais. *Revista Virtual de Cultura Surda*, n. 15, mar. 2015. Disponível em: <https://editora-arara-azul.com.br/site/admin/ckfinder/userfiles/files/3%C2%BA%20Artigo%20para%20REVISTA%2015%20de%20THIAGO%20AGUIAR%20e%20KARIME%20CHAIBUE.pdf>. Acesso em: 12 dez. 2018.

BERTÓ, S. F. F.; GABRIEL, R. Problematizando a escrita de sujeitos surdos na L2 - Língua Portuguesa. *Signo*, Santa Cruz do Sul, v. 32, n. 53, p. 189-204, dez. 2007. Disponível em: <https://online.unisc.br/seer/index.php/signo/article/view/86>. Acesso em: 23 maio 2018.

CAMPOS, L. *O que é Sign Writing?* Blogspot [s.l], 20 nov. 2010. Disponível em: <http://liliacamposmartins.blogspot.com.br/2010/11/o-que-e-sign-writing.html>. Acesso em: 23 maio 2018.

CAPOVILLA, F. C.; CAPOVILLA, A. G. S. O desafio da descontinuidade entre a língua de sinais e a escrita alfabética na educação bilíngüe do surdo congênito. In.: RODRIGUES, C.; TOMITCH, L. B. *Linguagem e cérebro humano*: contribuições multidisciplinares. Porto Alegre: Artmed, 2004. 191 p.

CAPOVILLA, F. C.; RAPHAEL, W. D. *Dicionário enciclopédico ilustrado trilíngüe da língua de sinais brasileira*. 2. ed. São Paulo: EdUSP, 2001. 2 v.

CHAVES, G. M.; ROSA, E. F. O português na modalidade escrita como segunda língua para surdos: um estudo sobre o uso dos conectivos. *uox – Revista Acadêmica de Letras-Português*, Florianópolis, n. 2, p. 18-30, 2014. Disponível em: <http://revistauox.paginas.ufsc.br/files/2014/12/2-portugues-modalidade-escrita.pdf>. Acesso em: 23 maio 2018.

COSTA, R. C. R.; BARRETO, M. *The Relevance of SignWriting as a way of transcribing the phonology of Sign Languages*. SlideShare, [s.l], 29 ago. 2014. Disponível em: <https://pt.slideshare.net/SignWriting/signwriting-symposium-presentation-32-relevance-of-signwriting-for-phonologysignlanguagesmadsonbarretorobertocosta>. Acesso em: 23 maio 2018.

DOMINGOS, M. *Alfabeto em Signwriting - Escrita da Língua de Sinais*. Blogspot, [s.l], 17 jul. 2012. Disponível em: <http://marinainterprete.blogspot.com.br/2012/07/alfabeto-em-signwriting-escrita-da.html>. Acesso em: 23 maio 2018.

OVIEDO, A. *Vuelta a em hito histórico de la linguística de las lenguas de señas: la mimographie de Bébian em el sistema de transcripción de Stokoe*. ResearchGate, [s.l], oct. 2011. Disponível em: <https://www.researchgate.net/figure/Figura-3-Mimographie-Planche-II-detalle_fig2_277169471>. Acesso em: 23 maio 2018.

STUMPF, M. R. Sistema SignWriting: por uma escrita funcional para o surdo. In: THOMA, A. S.; LOPES, M. C. (Orgs.). *A invenção da surdez*: cultura, alteridade, identidade e diferença no campo da educação. Santa Cruz do Sul: EdUnisc, 2005. 232 p.

VIDEOSDONN. *Prof Fernando Capovilla defende escolas específicas bilíngues para crianças surdas*. 23 set. 2012. (11min35s). Disponível em: <http://www.youtube.com/watch?v=HHNLnhEJehs>. Acesso em: 23 maio 2018.

Leituras recomendadas

BLOG SURDO PARA SURDO. *Ensine e aprenda de Surdo para Surdo*, [s.l.], [201-?]. Disponível em: <https://blog.surdoparasurdo.com.br/>. Acesso em: 23 maio 2018.

BRASIL. Ministério da Educação. Decreto nº 5.626, de 22 de dezembro de 2005. Regulamenta a Lei no 10.436, de 24 de abril de 2002, que dispõe sobre a Língua Brasileira de Sinais - Libras, e o art. 18 da Lei nº 10.098, de 19 de dezembro de 2000. *Casa Civil - Presidência da República*. Disponível em: <http://www.planalto.gov.br/ccivil_03/_ato2004-2006/2005/decreto/d5626.htm>. Acesso em: 23 maio 2018.

BRASIL. Ministério da Educação. Lei nº 10.436, de 24 de abril de 2002. Dispõe sobre a Língua Brasileira de Sinais - Libras e dá outras providências. *Casa Civil - Presidência da República*. Disponível em: <http://www.planalto.gov.br/ccivil_03/Leis/2002/L10436.htm>. Acesso em: 23 maio 2018.

Língua brasileira de sinais — aspectos linguísticos e gramaticais

Objetivos de aprendizagem

Ao final deste texto, você deve apresentar os seguintes aprendizados:

- Reconhecer as diferenças estruturais entre línguas oral-auditivas e línguas gesto-visuais.
- Diferenciar os parâmetros das línguas de sinais — configurações de mãos, movimento, ponto de articulação e orientação das mãos.
- Identificar como funciona a gramática das línguas de sinais.

Introdução

As línguas de sinais se diferenciam das orais, principalmente, devido à modalidade de produção e percepção. Elas são conhecidas pela construção de sua base de sinalização alicerçada em parâmetros próprios, que criam uma estrutura gramatical distinta, mas possuem fonética, fonologia, morfologia, sintaxe e semântica, assim como as línguas orais.

Neste capítulo, você estudará a diferença entre as línguas oral-auditivas e as gesto-visuais (visuoespacial), cada um dos parâmetros que compõem as línguas de sinais e suas particularidades, e como funciona a sua gramática.

Aspectos linguísticos

A língua brasileira de sinais (Libras) tem sua origem na Língua de Sinais Francesa, em uma relação similar à que a língua portuguesa possui com o português falado em Portugal. Devido a isso, as **línguas de sinais existentes pelo mundo não são universais**, cada país utiliza uma diferente, que pode, ou não, coincidir com a língua de sinais de outro país.

Além disso, a língua de sinais sofre influências culturais com o passar dos anos e, como qualquer outra, possui expressões (sinais) que diferem de acordo com a localidade (regionalismos). Por isso, ao conversar com um surdo de outra região do país, certamente você notará que ele usa sinais diferentes do que você aprendeu, pois cada local cria suas próprias palavras e gírias.

As línguas de sinais têm sua base de produção e percepção em características da modalidade gesto-visual, a qual utiliza o corpo para fazer movimentos no espaço que configuram e estruturam os sinais e as frases. De modo geral, elas usam as mãos como uma ferramenta ou um recurso de comunicação, e, para um leigo nesse assunto, pode parecer que o surdo está fazendo mímica ou apenas gestos, mas é muito mais do que isso, pois essas línguas são compostas por regras próprias e, devido à sua estrutura fonológica, morfológica, sintática e semântica, não podem ser confundidas com outra coisa que não uma língua.

A seguir, você pode ver a diferença entre as línguas orais e as de sinais.

Oral-auditiva = falar — escutar
Gesto-visual = sinalizar — olhar

Link

O vídeo "Improvável — linguagem dos sinais #2" mostra como a pantomima ou **mímica não pode ser considerada língua de sinais**, pois é apenas uma representação ou teatro sem qualquer estrutura ou gramática. Assista-o no link a seguir.

https://goo.gl/0pl3C

Arbitrariedade *versus* iconicidade

As línguas orais possuem, em grande parte, palavras que não têm relação entre a forma escrita ou falada e o seu significado (as interjeições são exceções, como hahahaha, ah, oh, etc.), mas, quando existe essa relação, chama-se de arbitrariedade.

Já a língua de sinais utiliza frequentemente a iconicidade como estratégia de comunicação e para criar sinais. Apesar disso, muitos pensam incorretamente que cada sinal realizado é como um desenho, o qual precisa ter relação direta com o seu referente, porém, isso não pode ser considerado como regra. Resumindo, quando um sinal tiver relação direta com a coisa explicada, trata-se de um sinal icônico. Veja um exemplo na Figura 1.

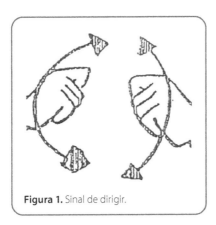

Figura 1. Sinal de dirigir.

No exemplo da Figura 1, o significado da palavra dirigir está representado na ação demonstrada pela imagem do sinal de dirigir. Devido a essa relação icônica, o sinal espacial é facilmente traduzido e entendido pelas pessoas.

Na língua de sinais, é mais comum encontrar sinais icônicos, mas, como já mencionado, também existem sinais arbitrários que não possuem relação de significado com a coisa explicada — como você pode ver no exemplo apresentado na Figura 2.

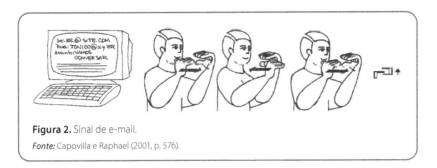

Figura 2. Sinal de e-mail.
Fonte: Capovilla e Raphael (2001, p. 576).

No exemplo anterior, o sinal realizado para e-mail não tem uma relação direta com o ícone ou a ação de enviar um e-mail, confirmando a teoria de que as línguas de sinais não são apenas mímicas que representam imageticamente as coisas. De fato, existe muita convenção de sinais que não têm relação com o seu referente e significado, assim como as línguas orais, que convencionaram inúmeras palavras sem relação icônica.

Classificadores

Uma das estratégias ou recursos de comunicação utilizados pela língua de sinais é o classificador, que, em um primeiro momento, pode parecer apenas gestos ou mímica, mas não se trata somente disso, como você verá a seguir.

Os classificadores são uma estratégia linguística que busca passar determinado significado ou mensagem, moldando sinais, incorporando personagens ou apenas usando a criatividade espacial para transmitir algum entendimento. Eles podem utilizar as configurações de mãos para expressar, por exemplo, o plural de algo (vários copos), e aparecer em situações de nível semântico (significado), sintático (organização e estrutura da frase) e morfológico (gênero, plural, modo, tamanho, etc.).

Segundo Pizzio et al. (2009, p. 19-32), os classificadores em língua de sinais podem ser divididos em cinco categorias principais.

1. Descritivos: descrevem paisagens, prédios, imagens, entre outros.
2. Especificadores: são uma descrição mais detalhada sobre alguma coisa, descrevendo visualmente a forma, a textura, o tamanho, o cheiro, etc. do objeto, do corpo de uma pessoa ou de animais.
3. Plural: são as configurações de mãos ou o sinal que substituem o objeto que se deseja descrever, sendo repetidas diversas vezes para passar a ideia de plural. Por exemplo, vários copos.
4. Instrumental: é a incorporação de personagem descrevendo a ação ao utilizar um determinado instrumento. Por exemplo, usar um martelo.
5. De corpo: descreve a ação por meio da expressão facial e/ou corporal dos seres que se deseja especificar. Por exemplo, um gato afiando as unhas.

O classificador não é considerado uma mímica, apesar de utilizar esse recurso espacial para auxiliar no entendimento da mensagem, porque ele se apoia ou usa os parâmetros das línguas de sinais na produção de significado linguístico, e a mímica não os utiliza.

Devido a esse fator e a muitos outros, a língua de sinais é tão fascinante, pois tem singularidades que a tornam especial, mas sem se distanciar do que ela tanto lutou para conquistar: reconhecimento como língua.

Parâmetros das línguas de sinais

A língua de sinais é muito mais complexa do que somente aprender sinais ou fazer alguns gestos, pois deve-se ter a capacidade visuoespacial, que tem sua base estruturada nos cinco parâmetros básicos dessa língua. Como a língua portuguesa ou qualquer outra oral, ela é constituída por alguns elementos básicos, como:

- configuração de mãos;
- ponto de articulação ou localização;
- movimento;
- orientação/direcionalidade das mãos;
- expressão facial e/ou corporal.

Diferentemente das demais línguas, que utilizam quase que exclusivamente a modalidade oral-auditiva, falar e escutar, a língua de sinais é única e possui suas próprias regras gramaticais estruturadas nesses cinco parâmetros, os quais, em conjunto, formam o que se define como um sinal ou entendimento semântico.

Configurações de mãos

Durante a sinalização, utiliza-se com frequência algumas configurações de mãos, que, resumidamente, referem-se ao formato ou contorno que as mãos assumem. As configurações de mãos não são universais, embora existam semelhanças entre uma ou outra de países diferentes; por isso, apesar de algumas se repetirem em outras línguas de sinais, cada língua possui uma tabela própria.

Entre os cinco parâmetros básicos das línguas de sinais, não consta o alfabeto manual ou as letras, apenas as configurações de mãos; devido a isso, é a tabela dessas configurações que dá origem ao alfabeto manual em Libras e aos números (Figura 3), e não o contrário.

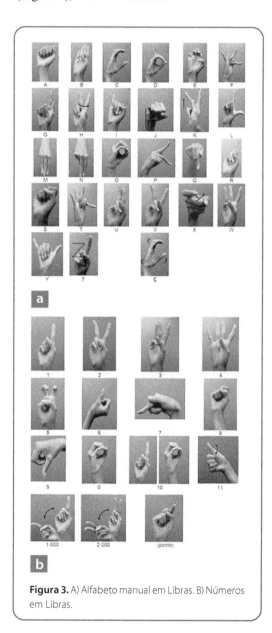

Figura 3. A) Alfabeto manual em Libras. B) Números em Libras.

Você sabe quantas configurações de mãos existem em Libras? A resposta é muito controversa, porque não há concordância entre os estudiosos, e as pesquisas sobre as regras e estruturas da língua de sinais ainda são muito recentes.

Com o passar do tempo, as tabelas criadas tiveram diversas alterações e, entre elas, a mais conhecida foi desenvolvida pelo surdo Nelson Pimenta e contém 61 configurações de mãos, sendo considerada como referência por muitas pessoas. Contudo, ao longo dos anos, estudiosos sugeriram novas configurações de mãos que eram muito semelhantes às expostas na tabela de Pimenta, exibindo apenas leves mudanças de ângulo ou orientação das mãos.

Nesse contexto, não existe a necessidade de gerar um número enorme de configurações de mãos, já que algumas delas mudam somente a questão do ângulo ou da orientação, mas o formato da mão se mantém. É bem parecido com as variações linguísticas regionais, em que, em algumas localidades, uma pessoa puxa o "e" da palavra leite e, em outra região, o som pode ser pronunciado como "i" (leiti); a palavra continua a mesma, mudando apenas a entonação ou levemente a pronúncia. No caso das línguas de sinais, o que muda é o ângulo ou a orientação.

Ponto de articulação ou localização

A localização é um parâmetro que define onde será articulado o sinal, pois existe todo um espaço que pode ser utilizado durante a sinalização. Na Figura 4, você pode perceber os limites do campo de sinalização, o qual se situa um palmo acima da cabeça, meio braço esticado na altura dos ombros (até o cotovelo) e finaliza na altura da cintura.

Figura 4. Sinal de caneta.
Fonte: Capovilla e Raphael (2001, p. 352).

Dentro desse espaço, pode-se escolher diversos locais para articular um determinado sinal e percebe-se que o ponto de articulação é um espaço neutro, pois se realiza na altura do ombro e no espaço à frente do sinalizante, contudo, sem encostar no seu corpo (é feito no ar).

Movimento

O movimento é outro parâmetro que, juntamente à configuração de mãos e à localização, forma um tripé básico de sinalização. Na Figura 5, você pode observar o sinal de computador, o qual se realiza em espaço neutro, com localização na altura do peito (sem encostar no corpo), configuração de mão em "x" (formato de um gancho) e movimento circular.

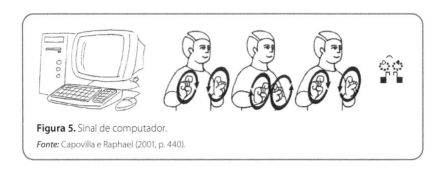

Figura 5. Sinal de computador.
Fonte: Capovilla e Raphael (2001, p. 440).

Já a Figura 6 apresenta o sinal de mochila, que é bem peculiar, pois, além do movimento dos braços e das mãos, deve-se movimentar os ombros com os braços em sincronia. Por isso, para que alguns sinais sejam realizados com perfeição de detalhes, é necessário atentar-se às expressões corporais e faciais, as quais são extremamente importantes.

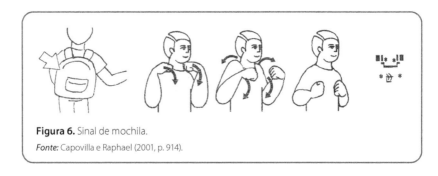

Figura 6. Sinal de mochila.
Fonte: Capovilla e Raphael (2001, p. 914).

Orientação/direcionalidade das mãos

A direção das mãos durante a realização dos sinais foi desconsiderada por muito tempo. William Stokoe iniciou o trabalho de análise do que poderia ser considerado como itens sublexicais das línguas de sinais — os parâmetros —, e, anos depois, em 1974, Robbin Battison sugeriu a "orientação da palma das mãos". Em 1979, Edward Klima e Ursulla Bellugi propuseram outros parâmetros, como "arranjo de mãos" ou "número de mãos" e "região da mão" ou "contato", que representa o ponto de contato no corpo (embora eles tenham sua base teórica que os defenda, não chegaram a ser reconhecidos como novos parâmetros).

Na Figura 7, é ilustrado o sinal de número, que possui a orientação da palma da mão virada para cima e o dorso para baixo. Essa orientação precisa ser respeitada, pois, do contrário, o sinal não será realizado corretamente, gerando dúvida por parte do receptor.

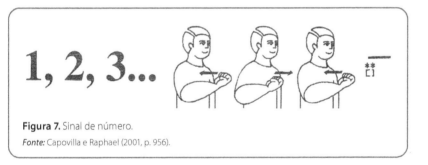

Figura 7. Sinal de número.
Fonte: Capovilla e Raphael (2001, p. 956).

Expressão facial e/ou corporal

Depois de Stokoe, outros autores deram continuidade ao seu trabalho, como Scott K. Liddell e Robert E. Johnson. Em 1989, eles sugeriram a inclusão de "marcações não manuais", que modificam ou dão maior sentido ao sinal realizado, em que, muitas vezes, o movimento, a repetição e a expressão facial e/ou corporal fazem o acréscimo ou a modificação no sentido do sinal ou da frase. Essas marcações não manuais podem ser gramaticais (intensidade, plural) ou não gramaticais (feliz, triste). Veja exemplos nas Figuras 8, 9 e 10.

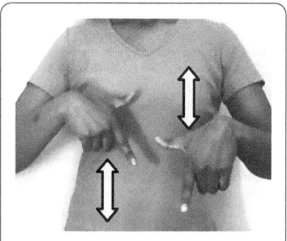

Figura 8. Sinal de trabalhar.
Fonte: Faders (2010, p. 95).

Figura 9. Sinal de trabalhar muito.
Fonte: Silva e Lima (2010, documento on-line).

Figura 10. Sinais de feliz e triste.
Fonte: Silva (2017, documento on-line).

Link

Você sabia que existem gírias na língua de sinais? Acesse o link a seguir para conhecê-las.

https://goo.gl/CmUSqe

Aspectos gramaticais

Como já mencionado, as línguas de sinais utilizam a modalidade gesto-visual e são consideradas naturais, assim como as línguas orais, pois surgiram por meio da interação espontânea entre os seus usuários. Elas possuem uma estrutura gramatical singular que, apesar das diferenças, apresenta níveis de conhecimento gramatical fonológico, morfológico, semântico, sintático e pragmático.

Nível fonético-fonológico

A fonética estuda a produção do sinal a fim de descrever cada parte (configuração de mãos, localização, movimento, etc.) que o compõe, contudo, sem analisar o sentido dessa produção. Já a fonologia se preocupa com a análise dos sinais e de suas variações, verificando como são organizados na mente do sinalizante, as regras de uso, quando e onde são usados, bem como se houve mudança e/ou alteração de sentido.

Em nível fonético-fonológico, no que se refere às línguas orais, tem-se os famosos exemplos de mudança de uma letra ou de um som que pode, ou não, mudar o sentido da palavra, como, por exemplo, **b**ala e **f**ala. Nas línguas de sinais ocorre o mesmo, mas os parâmetros são modificados, e não as letras. Nas Figuras 11 e 12, você pode ver alguns exemplos.

Figura 11. Sinal de azar.
Fonte: Faders (2010, p. 13).

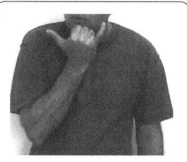

Figura 12. Sinal de desculpar.
Fonte: Faders (2010, p. 26).

Note que o único parâmetro alterado foi a localização, a qual fez o sinal ser totalmente modificado. Já a configuração de mão, o movimento, a orientação da mão e a expressão facial são os mesmos, mudando só a localização na qual o sinal é feito (alterando do nariz para o queixo).

Entretanto, algumas vezes, as mudanças nos parâmetros ocorrem, mas sem alteração de significado. Em línguas orais, tem-se o exemplo de escola e iscola — na forma escrita, dificilmente alguém fará essa troca, mas, na fala, isso ocorre com frequência, sobretudo em determinadas regiões do país. Nesse contexto, falar escola, puxando bem o "e", ou iscola não alterará o significado da palavra.

Já na Libras, existe o exemplo do sinal família, que é realizado conforme mostra a Figura 13.

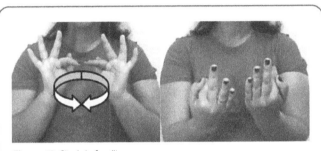

Figura 13. Sinal de família.
Fonte: Faders (2010, p. 37).

Contudo, há variações para a configuração de mãos utilizada, como a demonstrada na Figura 13 e as duas da Figura 14. À primeira vista, elas podem parecer iguais, mas, em movimento, percebe-se a diferença. Entre os sinalizantes de Libras, se você usar qualquer uma delas para fazer o sinal de família, ele estará correto.

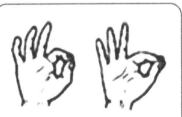

Figura 14. Outras configurações para o sinal família.
Fonte: Silva (2015, documento on-line).

Nível morfológico

Em caráter morfológico, existem algumas questões bem específicas das línguas de sinais. As línguas orais utilizam o "s" para designar plural, o sufixo "inha" ou "inho" para diminutivos, e o "o" e "a" para os gêneros masculino e feminino; já as de sinais têm outras formas de expressar esses itens morfológicos. Nas Figuras 15 e 16, você pode visualizar alguns exemplos.

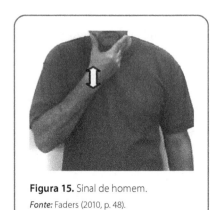

Figura 15. Sinal de homem.
Fonte: Faders (2010, p. 48).

Figura 16. Sinal de mulher.
Fonte: Faders (2010, p. 65).

Em várias situações, usa-se o sinal de homem ou de mulher para designar gênero, assim como nas línguas orais deve-se constantemente concordar o gênero com o sujeito. Por exemplo, **a** presidente, **o** presidente, **o** contador e **a** contadora.

Quando se fala de plural em língua de sinais, deve-se ter em mente que não se pode simplesmente colocar um "s" no final de determinada palavra, como nas línguas orais, para dar o entendimento de que significa mais de um item, como copos. Para fazer isso, é necessário usar o recurso morfológico da repetição, como mostra o exemplo da Figura 17.

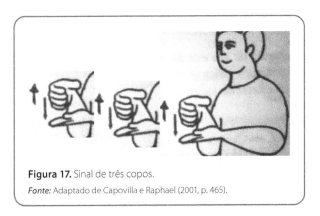

Figura 17. Sinal de três copos.
Fonte: Adaptado de Capovilla e Raphael (2001, p. 465).

Quando se trata de modificar a palavra acrescentando-lhe modo, como intensidade, as línguas orais, em geral, usam sufixos para atribuir esse status — por exemplo, rápido (rapida**mente**); devagar (vagarosa**mente**). As línguas de sinais funcionam de forma parecida, pois se usa a expressão facial/corporal e o movimento para dar maior ou menor intensidade ao sinal. Nas Figuras 18 e 19, você pode ver como isso ocorre.

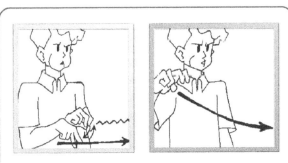

Figura 18. Sinais de andar rápido e andar rapidamente.
Fonte: Alves e Silva (2009, documento on-line).

Figura 19. Sinais de andar devagar e andar vagarosamente.
Fonte: Alves e Silva (2009, documento on-line).

Nível sintático

As línguas orais possuem estruturas sintáticas que podem variar bastante, sendo uma das mais comuns na língua portuguesa a construção sujeito — verbo — objeto (SVO). Comparando com as línguas de sinais e, mais especificamente, com a Libras, a estrutura mais utilizada também é a SVO, mas isso não significa que não haja outras formas ou estruturas de frases e sentenças igualmente usadas na Libras.

Tanto a escrita em língua portuguesa realizada pelo sujeito surdo (que não usa conjunções, preposições, artigos, conjugação verbal etc.) quanto a sua sinalização em Libras pode seguir as seguintes estruturas:

- SVO;
- sujeito — objeto — verbo (SOV);
- verbo — objeto — sujeito (VOS);
- objeto — sujeito — verbo (OSV).

Exemplo

Exemplos de construção da frase em português "eu vou para casa":
- eu ir casa (SVO);
- eu casa ir (SOV);
- ir casa eu (VOS);
- casa eu ir (OSV).

É muito provável que nem todas as possibilidades de construção de frase sejam possíveis, dependendo do contexto de aplicação. Existem, ainda, algumas marcações não manuais que caracterizam e classificam as sentenças em negativas, interrogativas, afirmativas, condicionais, relativas, construções com tópico e foco. Veja, na Figura 20, o detalhamento de cada uma delas.

Sentenças negativas – São aquelas em que a sentença está sendo negada. Normalmente, possuem um elemento negativo explícito, como NÃO, NADA, NUNCA. Na língua de sinais, podem estar incorporadas aos sinais ou expressas apenas por meio da marcação não manual.

Sentenças interrogativas – São aquelas formuladas com a intenção de obter alguma informação desconhecida. São perguntas que podem requerer informações relativas aos argumentos por meio de expressões interrogativas: O QUE, COMO, ONDE, QUEM, POR QUE, PARA QUE, QUANDO, QUANTO, etc. Também há interrogativas formuladas simplesmente para obter confirmação ou negação a respeito de alguma coisa, por exemplo, VOCÊ QUER ÁGUA? Se espera ter a resposta positiva ou negativa (SIM ou NÃO).

Sentenças afirmativas – São sentenças que expressam idéias ou ações afirmativas. Por exemplo, EU VOU AO BANCO.

Sentenças condicionais – São sentenças que estabelecem uma condição para realizar outra coisa, por exemplo, SE CHOVER, EU NÃO VOU À FESTA. A condição desta sentença é não chover, para que a pessoa vá a festa.

Sentenças relativas – São aquelas em que há uma inserção dentro da sentença para explicar, para acrescentar informações, para encaixar outra questão relativa ao que está sendo dito. Nessas sentenças, normalmente utiliza-se QUE na língua portuguesa; na língua de sinais há uma quebra na expressão facial para anunciar a sentença relativa que é produzida com a elevação das sobrancelhas. Por exemplo, A MENINA **QUE CAIU DA BICICLETA** ESTÁ NO HOSPITAL.

Construções com tópico – É uma forma diferente de organizar o discurso. O tópico retoma o assunto sobre o qual se desenvolverá o discurso. Por exemplo, FRUTAS, EU GOSTO DE BANANA. Então, o tópico é FRUTAS, sobre o qual será definida aquela de preferência do falante/sinalizante.

Construções com foco – São aquelas que introduzem no discurso uma informação nova que pode estabelecer contraste, informar algo adicional ou enfatizar alguma coisa. Por exemplo, se alguém diz que a MARIA COMPROU O CARRO e esta informação está equivocada, o falante/sinalizante seguinte pode fazer uma retificação: NÃO, **PAULO** COMPROU O CARRO. Paulo aqui será o foco.

Figura 20. Tipos de sentenças.

Fonte: Quadros, Pizzio e Rezende (2008, p. 6).

Nível semântico e pragmático

Quanto à semântica e à pragmática em línguas de sinais, precisa-se entender o que cada uma delas significa. A semântica foca no estudo linguístico em nível lexical, que abrange a relação de polissemia, sinonímia, antonímia e parônimos dos sinais, bem como no nível de sentença, o qual estuda a estrutura e a ambiguidade de frases. Veja o nível lexical (palavra) a seguir.

Sinonímia

Trata-se de sinais diferentes que possuem o mesmo significado, como você pode ver nas Figuras 21 e 22.

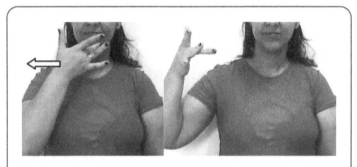

Figura 21. Sinal de fácil.
Fonte: Faders (2010, p. 37).

Figura 22. Variação de sinal de fácil.
Fonte: Vivendo Libras diariamente (2017, documento on-line).

Antonímia

São sinais que representam significados opostos. Veja os exemplos das Figuras 23 e 24.

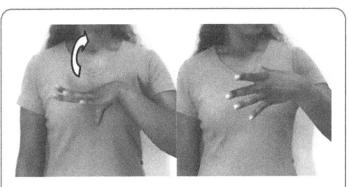

Figura 23. Sinal de coragem.
Fonte: Faders (2010, p. 24).

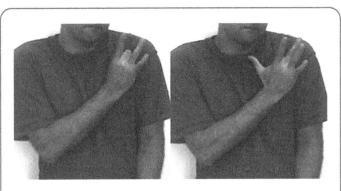

Figura 24. Sinal de medo.
Fonte: Faders (2010, p. 62).

Parônimos

Trata-se de sinais parecidos com significados diferentes. Nas Figuras 25 e 26, você pode ver dois exemplos.

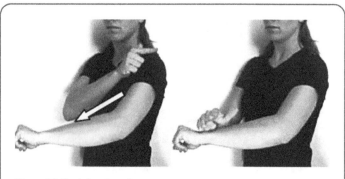

Figura 25. Sinal de educação.
Fonte: Faders (2010, p. 30).

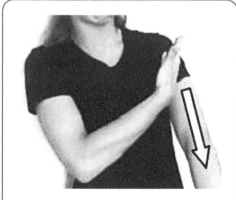

Figura 26. Sinal de acostumar.
Fonte: Faders (2010, p. 8).

Polissemia

São sinais iguais com significados diferentes. Veja os exemplos das Figuras 27 e 28.

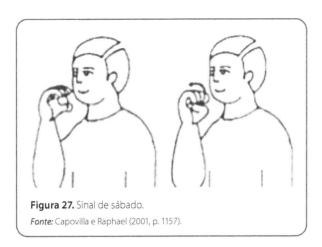

Figura 27. Sinal de sábado.
Fonte: Capovilla e Raphael (2001, p. 1157).

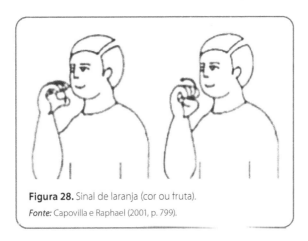

Figura 28. Sinal de laranja (cor ou fruta).
Fonte: Capovilla e Raphael (2001, p. 799).

Já no nível semântico da sentença, é possível estudar a língua de sinais para verificar as diferentes formas de expressar o mesmo significado por meio da construção de frases.

Exemplo

Você é sempre nervoso!
Veja nas Figuras 29, 30 e 31 como fica essa sentença em Libras.

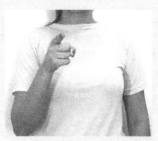

Figura 29. Sinal de você.
Fonte: Faders (2010, p. 103).

Figura 30. Sinal de sempre.
Fonte: Faders (2010, p. 87).

Figura 31. Sinal de nervoso.
Fonte: Silva (2017, documento on-line).

Exemplo

Você nunca é calmo!
Nas Figuras 32, 33 e 34, você pode ver como essa sentença é expressa em Libras.

Figura 32. Sinal de você.
Fonte: Faders (2010, p. 103).

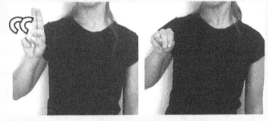

Figura 33. Sinal de nunca.
Fonte: Faders (2010, p. 68).

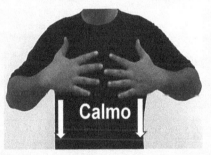

Figura 34. Sinal de calmo.
Fonte: Incluir Tecnologia (2012, documento on-line).

No nível da pragmática, por sua vez, deve-se considerar o contexto linguístico de uso nos princípios de comunicação dos falantes e sinalizantes. A pragmática faz a análise do significado extralinguístico, o qual os próprios nativos de uma língua associam por convenção de utilização. Um bom exemplo são as metáforas, usadas tanto por línguas orais quanto pelas de sinais (Figura 35).

Figura 35. Gírias em Libras.
Fonte: Hirata (2018, documento on-line).

Link

Veja o Dicionário da Libras disponibilizado pelo site Acessibilidade Brasil no link a seguir.

https://goo.gl/WdNsfU

Exercícios

1. Quais são as cinco propriedades gramaticais da língua brasileira de sinais?
   a) Arbitrariedade, sinais icônicos, composição dos sinais, concordância dos sinais e semântica.
   b) Arbitrariedade, sinais icônicos, composição dos sinais, concordância de gênero e semântica.
   c) Arbitrariedade, sinais icônicos, sinais compostos, concordância dos sinais e semântica.
   d) Arbitrariedade, sinais icônicos, sinais polissêmicos, concordância dos sinais e semântica.
   e) Arbitrariedade, sinais icônicos, sinais tautológicos, concordância dos sinais e semântica.

2. Qual das alternativas apresenta corretamente quantas configurações de mãos (CM) tem a Libras?
   a) Total de 64 CM.
   b) Total de 46 CM.
   c) Total de 61 CM.
   d) Total de 60 CM.
   e) Total de 59 CM.

3. Sabe-se que a língua brasileira de sinais e a língua portuguesa são muito diferentes uma da outra, cada qual com suas particularidades e estruturas gramaticais. Sendo assim, uma das diferenças entre elas é que o português é um idioma de modalidade oral-auditivo, e a Libras é um idioma de modalidade _____.
   a) oral-auditiva.
   b) de mímica e gestos soltos no ar.
   c) oral-gestual.
   d) de gestos, sem estrutura gramatical própria.
   e) gesto-visual.

4. Os classificadores em línguas de sinais são divididos em:
   a) manuais, não manuais, simples, compostos e de corpo.
   b) arbitrários, icônicos, lineares, sequenciais e expressões.
   c) manuais, especificadores, pluralidade, não manuais e expressões.
   d) descritivos, especificadores, plural, instrumental e de corpo.
   e) arbitrários, icônicos, mímicas, de movimento e datilológico.

5. Com base nos dois sinais expostos a seguir e quanto à função dos parâmetros em línguas de sinais, podemos afirmar que:

   a) só existe diferença na configuração de mão utilizada.
   b) única diferença está na expressao facial utilizada.
   c) a orientação e a configuração de mão são iguais em ambos os casos.
   d) em ambos os sinais, somente um parâmetro é alterado.
   e) existe diferença na orientação da mão e na expressão facial utilizada.

Referências

CAPOVILLA, F. C.; RAPHAEL, W. D. *Dicionário enciclopédico ilustrado trilíngüe da língua de sinais brasileira*. 2. ed. São Paulo: EdUSP, 2001. 2 v.

FADERS (Fundação de Articulação e Desenvolvimento de Políticas Públicas para Pessoas com Deficiência e Altas Habilidades no Rio Grande do Sul). *Mini Dicionário*. Porto Alegre: Serviço de Ajudas Técnicas da FADERS, 2010. 105 p. Disponível em: <http://www.portaldeacessibilidade.rs.gov.br/uploads/Dicionario_Libras_CAS_FADERS1.pdf>. Acesso em: 28 maio 2018.

HIRATA, G. Existem gírias na língua de sinais dos surdos? *Mundo Estranho*, 20 abr. 2018. Disponível em: <https://mundoestranho.abril.com.br/cotidiano/existem-girias-na-lingua-de-sinais-dos-surdos/>. Acesso em: 28 maio 2018.

INCLUIR TECNOLOGIA. *Libras - Calmo*. 11 out. 2012. (0min2s). Disponível em: <https://www.youtube.com/watch?v=nDIEjV6r-nQ>. Acesso em: 28 maio 2018.

PIZZIO, A. L. et al. *Língua Brasileira de Sinais III*. Florianópolis: Centro de Comunicação e Expressão da Universidade Federal de Santa Catarina, 2009. 36 p. Disponível em: <http://www.libras.ufsc.br/colecaoLetrasLibras/eixoFormacaoEspecifica/linguaBrasileiraDeSinaisIII/assets/263/TEXTO_BASE_-_DEFINITIVO_-_2010.pdf>. Acesso em: 28 maio 2018.

QUADROS, R. M.; PIZZIO, A. L.; REZENDE, P. L. F. *Língua Brasileira de Sinais II*. Florianópolis: Centro de Comunicação e Expressão da Universidade Federal de Santa Catarina, 2008. 37 p. Disponível em: <http://www.libras.ufsc.br/colecaoLetrasLibras/eixoFormacaoEspecifica/linguaBrasileiraDeSinaisII/assets/482/Lingua_de_Sinais_II_para_publicacao.pdf>. Acesso em: 28 maio 2018.

RIOS, A. *Libras: Alfabeto e Números*. Ebah, [s.l.], [2013?]. Disponível em: <http://www.ebah.com.br/content/ABAAAA9skAJ/libras-alfabeto-numeros>. Acesso em: 28 maio 2018.

VIVENDO Libras DIARIAMENTE. *Fácil (Libras)*. 27 jan. 2017. (0min12s). Disponível em: <https://www.youtube.com/watch?v=yMiE7HLVrfQ>. Acesso em: 28 maio 2018.

Leituras recomendadas

KLIMA, E. S.; BELLUGI, U. *The signs of language*. Cambridge: Harvard University Press, 1979. 417 p.

LIDDELL, S. K.; JOHNSON, R. E. American Sign Language: The Phonological Base. *Sign Language Studies*, Washington, D.C., v. 64, p. 195-277, fall 1989.

QUADROS, R. M.; KARNOPP, L. B. *Língua de sinais brasileira*: estudos linguísticos. Porto Alegre: Artmed, 2003. 222 p.

Escrita de sinais

Objetivos de aprendizagem

Ao final deste texto, você deve apresentar os seguintes aprendizados:

- O processo histórico da escrita de sinais.
- Identificar as principais configurações da escrita de sinais.
- Os processos de aquisição da escrita de sinais pela criança surda.

Introdução

A escrita de sinais, que "[...] utiliza símbolos visuais para representar as configurações de mão, os movimentos, as expressões faciais e os movimentos do corpo das línguas de sinais" (SILVA et al., 2018, p. 18), vem constituindo-se há muito tempo e trata-se de um processo que iniciou no século XIX e que vem sendo pensado, estudado e ressignificado, na contemporaneidade, de várias formas e possibilidades.

Não há uma única escrita de sinais: diferentes sistemas são construídos com o intuito de representar as línguas de sinais de maneira escrita. Além disso, os sistemas não são universais, ou seja, cada país tem os seus sistemas, o que não significa que um sistema de escrita de um país não possa ser utilizado em outro — isso, claro, observando-se as especificidades de cada língua. O Brasil ainda não tem um sistema de escrita da língua de sinais considerado oficial e são mais usados, no país, o *SignWriting* (SW) e a Escrita de Língua de Sinais (ELiS).

Neste capítulo, você conhecerá o percurso histórico dos sistemas de escrita de sinais, os principais sistemas utilizados na atualidade e também verá como acontece a aquisição da escrita de língua de sinais em crianças surdas.

O processo histórico da escrita de sinais

A escrita de sinais já vem sendo pesquisada e utilizada desde o século XIX. Segundo Aguiar e Chaibue (2015), a primeira experiência de escrita de sinais foi desenvolvida pelo professor Roch Ambroise Auguste Bébian (1789-1839) na França. O professor Bébian, estudioso das temáticas sobre a surdez, criou o primeiro sistema de escrita, conhecido como a *mimographie* de Bébian.

As descobertas de Bébian não são muito conhecidas e divulgadas e a sua proposta de notação, a *mimographie*, tem muitas semelhanças com outra, a notação Stokoe — embora Stokoe não considere a proposta de Bébian como antecedente à sua proposta (AGUIAR; CHAIBUE, 2015).

William Stokoe (1919-2000) foi um grande pesquisador estadunidense na área da linguística e dedicou-se a estudar a *American Sign Language* (Língua Americana de Sinais) (ASL) nos seus vários aspectos linguísticos. O seu objetivo na época era o de inserir a ASL nas escolas de surdos e foi a partir das suas pesquisas na área da linguística que hoje podemos afirmar que as línguas de sinais têm o mesmo status das línguas orais.

Como é possível perceber, a distância temporal entre Bébian e Stokoe é bastante significativa. Talvez esse seja um dos motivos que levou Stokoe a afirmar que a proposta de Bébian não antecedia a sua proposta de escrita de sinais. No entanto, o que importa destacar é que esses dois pesquisadores foram os percursores, tanto de pesquisas em relação à área da surdez de uma forma mais ampla quanto como criadores de uma proposta de escrita de sinais, conhecidas como "notação".

Segundo Aguiar e Chaibue (2015), da mesma forma que a escrita das línguas orais foi evoluindo e modificando-se com o passar do tempo até chegarmos ao nosso alfabeto atual, com as línguas visuais gestuais aconteceu a mesma coisa. As pesquisas nessa área vêm crescendo, o que é importante, visto que não temos uma escrita de sinais oficial. Alguns pesquisadores da área questionam a necessidade de que as línguas de sinais tenham uma representação na sua forma escrita, já que temos as línguas orais, que, hoje, são consideradas as segundas línguas dos surdos na sua forma escrita — no caso do Brasil, a língua portuguesa.

A partir das pesquisas de Aguiar e Chaibue (2015), a seguir, você conhecerá algumas especificidades da estrutura das propostas de escrita de sinais do professor Roch Ambroise Auguste Bébian e do linguista William Stokoe.

A *mimographie* de Bébian

Para o professor Bébian, os componentes principais da escrita de sinais são os seguintes: 1) forma e orientação das mãos, 2) movimento, 3) lugar e 4) expressão facial (sempre nessa mesma ordem). Para isso, ele utilizou 190 símbolos, sempre escritos da esquerda para a direita, a maioria icônicos. Veja, nas Figura 1 a 4, a seguir, os componentes propostos por Bébian.

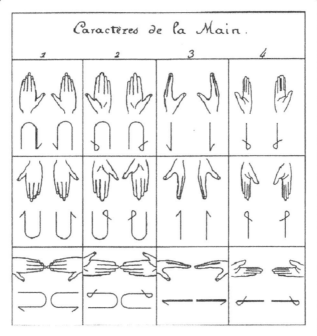

Figura 1. Componente 1: forma e orientação das mãos.
Fonte: Aguiar e Chaibue (2015, p. 06).

Figura 2. Componente 2: movimento.
Fonte: Aguiar e Chaibue (2015, p. 07).

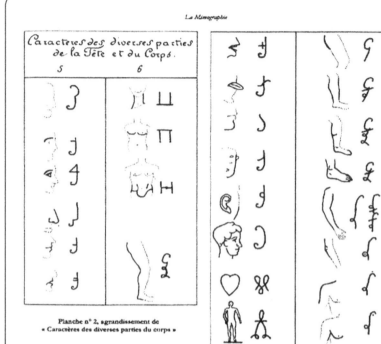

Figura 3. Componente 3: lugar.
Fonte: Aguiar e Chaibue (2015, p. 08).

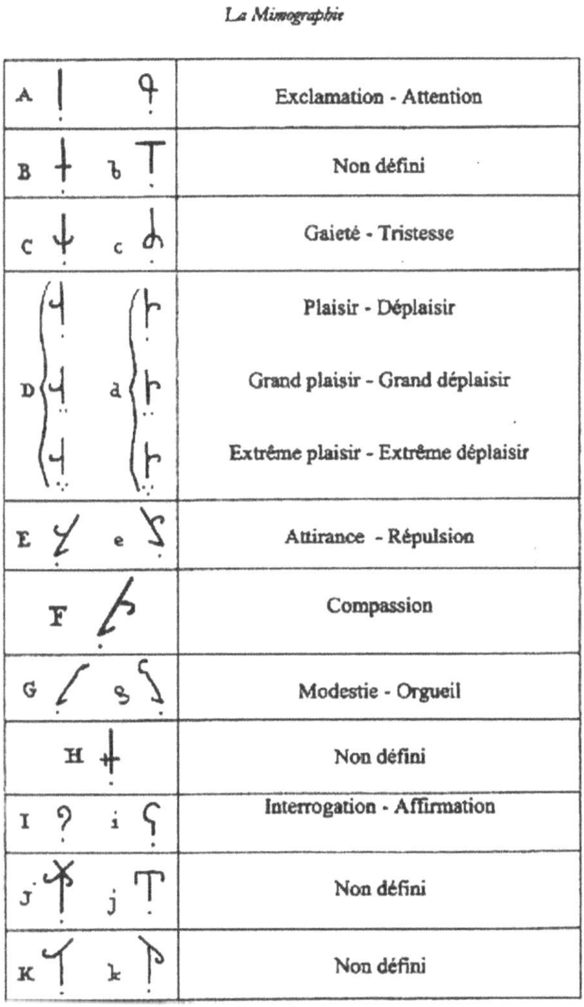

	La Mimographie	
A		Exclamation - Attention
B		Non défini
C		Gaieté - Tristesse
D		Plaisir - Déplaisir Grand plaisir - Grand déplaisir Extrême plaisir - Extrême déplaisir
E		Attirance - Répulsion
F		Compassion
G		Modestie - Orgueil
H		Non défini
I		Interrogation - Affirmation
J		Non défini
K		Non défini

Figura 4. Componente 4: expressão facial.
Fonte: Aguiar e Chaibue (2015, p. 09).

Além dos componentes principais da estrutura da escrita de sinais, Aguiar e Chaibue (2015), chamam a atenção para os "acentos", "[...] que dão uma informação a mais a um determinado grupo de componentes, como uma variação do movimento (repetição, ritmo...) ou uma especificação do lugar (acima da cabeça, ao lado...)" (AGUIAR; CHAIBUE, 2015, p. 10). Pode-se dizer que essa é a estrutura básica da escrita de sinais proposta pelo professor Bébian, mas é preciso considerar que toda a estrutura é muito mais complexa.

Notação Stokoe

William Stokoe foi o primeiro pesquisador na área da linguística a pesquisar e analisar a Língua de Sinais Americana (ASL). Na época, foi uma revolução entre os seus pares, tendo em vista que os outros pesquisadores da área estudavam somente as línguas orais. Stokoe, com base em suas pesquisas, afirmou que a língua de sinais podia ser considerada uma língua tanto a nível fonológico quanto morfológico e é considerado o pai da linguística da Língua de Sinais Americana.

No que se refere à escrita de sinais, Stokoe e sua equipe de pesquisadores criaram um sistema de notação (escrita de sinais) para a ASL. No entanto, o seu objetivo não era criar um sistema de notação para que os surdos utilizassem, e sim apenas pesquisar sobre o assunto.

Diferentemente do professor Bébian, que classificou os componentes da escrita de sinais em quatro itens, Stokoe classificou-os em cinco: 1) lugar de realização do sinal, com 12 elementos; 2) as configurações de mãos, com 10 elementos (Figura 5); 3) os movimentos indicando ação, com 22 símbolos; 4) a orientação, com quatro elementos; e 5) sinais diacríticos, com duas possibilidades.

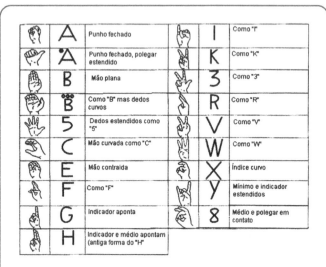

Figura 5. Configurações de mãos no sistema de notação de Stokoe.
Fonte: Aguiar e Chaibue (2015, p. 12).

É importante que você conheça tanto a *mimographie* de Bébian quanto à notação Stokoe tendo em vista que as mais diversas notações conhecidas na Contemporaneidade tiveram as suas raízes nesses dois sistemas de escrita de sinais.

As principais configurações da escrita de sinais

A língua de sinais é a língua natural dos sujeitos surdos, a língua 1 (L1), e as línguas orais na forma escrita são consideradas a sua língua 2 (L2). No caso do Brasil, a língua portuguesa na forma escrita é considerada para os surdos a sua L2. Você, então, pode questionar-se: se a língua portuguesa é considerada a L2 dos sujeitos surdos, por que eles não escrevem na língua portuguesa? Por que é necessário criar uma forma de escrita surda? Essa resposta é complexa e muitas pesquisas ainda estão sendo realizadas para tentar responder a essa questão. Ainda existem muitas dúvidas e questionamentos em relação à escrita de sinais e à aquisição da escrita pelos sujeitos surdos. Mas, então, o que sabemos?

Ao analisar a produção escrita dos sujeitos surdos, alguns pesquisadores afirmam que a escrita dos mesmos não segue a mesma construção da escrita dos ouvintes, porque a L1 dos ouvintes é a língua portuguesa e, no caso dos surdos, a L1 é a língua de sinais. Essa questão é muito importante, já que interfere de forma direta no momento de avaliar a escrita desses sujeitos. Nesse sentido, os surdos têm muita dificuldade na leitura e na escrita, tendo em vista que tanto o processo de leitura quanto o processo de escrita não estão sendo feitos na sua língua natural ou materna. Por isso, são muito relevantes as propostas de escritas de sinais que demonstrem que a escrita de sinais é a forma que representa de maneira mais coerente as línguas visuais na modalidade espacial, no caso, as línguas de sinais.

Como comentado, Bébian e Stokoe foram os primeiros estudiosos a criar uma escrita de sinais e, a partir dos seus estudos, muitas outras propostas de escrita de sinais foram criadas em todo o mundo. No Brasil, os sistemas de escrita de sinais adotados seguem uma tendência mundial.

De acordo com Silva et al. (2018), no Brasil, existem quatro possíveis sistemas de escrita de sinais: o sistema *SignWriting* (SW), idealizado pela coreógrafa norte-americana Valerie Sutton e traduzido e adaptado no par linguístico Inglês-ASL/Português-Libras pela professora Dra. Marianne Rossi Stumpf (UFSC); a Escrita de Língua de Sinais (ELiS), idealizada pela professora Dra. Mariângela Estelita de Barros (UFG); o Sistema de Escrita da Libras (SEL), idealizado pela professora Dra. Adriana Stella Cardoso Lessa-de-Oliveira (UESB); e a escrita Visogramada das Línguas de Sinais (VisoGrafia), idealizada pelo professor Me. Claudio Alves Benassi (UFMT).

Neste capítulo, será apresentado de forma mais aprofundada o sistema de escrita de sinais *SignWriting* (SW), que é adotado em mais de 35 países pelo mundo e pode ser utilizado em todas as línguas de sinais, ou seja, é genérico, sendo necessário apenas adaptar a ortografia de cada língua. Existem duas formas de realizar essa escrita: a manual (ou manuscrita) ou utilizando recursos digitais.

A coreógrafa norte-americana Valerie Sutton desenvolveu, em 1974, o *SignWriting* (SW), sistema gráfico-esquemático-visual secundário das línguas de sinais que está em construção, de modo que tanto pessoas surdas quando ouvintes vêm modificando e aperfeiçoando esse sistema. O *SignWriting* é um sistema gráfico e esquemático de escrita de sinais, funcionando como um sistema de escrita alfabético, que utiliza o mínimo de convenções gráficas, permitindo o registro de sinais com naturalidade. Escreve-se na vertical e não se pode escrever diretamente no editor de textos padrão do computador, e sim em um editor próprio. Posteriormente, a escrita é transportada ao editor padrão (STUMPF, 2005).

Link

A história da criação do sistema *SignWriting* idealizado por Valerie Sutton é bastante interessante e curioso. Neste vídeo, você verá um sujeito surdo contando a história em Libras.

https://goo.gl/w52E5Q

No Brasil, o *SignWriting* começou a ser pesquisado em 1996, na PUC de Porto Alegre, pelos professores Dr. Antônio Carlos da Rocha Costa, Dra. Márcia Borba Campos, com a colaboração da professora surda Marianne Rossi Stumpf, da área da computação.

Segundo Silva et al. (2018), com base nas pesquisas de Stumpf, a estrutura do sistema é dividida em dez categorias, quais sejam: 1) mãos; 2) contato das mãos; 3) faces; 4) movimento do corpo e da cabeça; 5) ombro; 6) membros; 7) inclinação da cabeça; 8) localização; 9) movimento de dinâmicas; e 10) pontuação. Essas categorias são divididas em grupos, e existem dez grupos para as mãos que se referem ao começo da Sequência-de-Símbolos-*SignWriting*, ordem que é utilizada para procurar sinais em dicionários escritos em *SignWriting*.

Fique atento

Para maiores esclarecimentos sobre o uso da escrita de sinais utilizando recursos digitais, leia a tese de Stumpf (2005), intitulada "Aprendizagem de escrita de língua de sinais pelo sistema *SignWriting*: língua de sinais no papel e no computador".

Na Figura 6, a seguir, você pode observar o alfabeto manual da escrita de sinais do *SignWriting*. Observe que cada letra, assim como os números, é representada por símbolos. O sistema comporta aproximadamente 1900 símbolos.

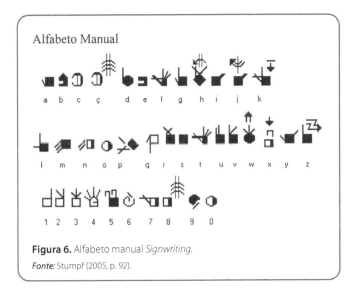

Figura 6. Alfabeto manual *Signwriting*.
Fonte: Stumpf (2005, p. 92).

A estrutura básica que caracteriza a escrita de sinais é composta de informações referentes a mãos, movimento, expressão facial e corpo e é descrita resumidamente no esquema apresentado no Quadro 1.

Quadro 1. Estrutura da escrita de sinais

ESTRUTURA BÁSICA QUE CARACTERIZA OS SINAIS		
Mão (direita e esquerda)	Configuração de mão	▪ Grupo; ▪ Sentido; ▪ Palma; ▪ Posição; ▪ Configuração dos dedos; ▪ Local.
	Configuração do braço	▪ Plano do antebraço; ▪ Ângulo do antebraço; ▪ Plano do braço; ▪ Ângulo do braço.
MOVIMENTO	Movimento dos dedos (interno)	▪ Movimento interno; ▪ Frequência; ▪ Dedo(s).
	Movimento da mão (externo)	Contato ▪ Tipo de contato; ▪ Frequência; ▪ Local da mão em contato; ▪ Local em contato com a mão. Movimento Dinâmica
EXPRESSÃO FACIAL		▪ Testa; ▪ Sobrancelha; ▪ Olhos; ▪ Olhar; ▪ Bochecha; ▪ Nariz; ▪ Boca; ▪ Língua; ▪ Dentes; ▪ Outros.

(Continua)

(Continuação)

Quadro 1. Estrutura da escrita de sinais

	ESTRUTURA BÁSICA QUE CARACTERIZA OS SINAIS	
CORPO	Ombro	Posição; Movimento; ■ Tipo de movimento; ■ Frequência; ■ Dinâmica.
	Tronco	Posição: Movimento; ■ Tipo de movimento; ■ Frequência; ■ Dinâmica.
	Cabeça	Posição: ■ Posição (nariz); ■ Posição (cima-baixo); ■ Posição (direita/esquerda). Movimento: ■ Tipo de movimento; ■ Frequência; ■ Dinâmica.

Fonte: Adaptado de Stumpf (2005, p. 58).

A Figura 7, a seguir, mostra as três configurações da mão possíveis, quando o punho da mão predominante encontra-se fechado.

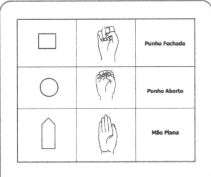

Figura 7. As configurações da mão.
Fonte: Stumpf (2005, p. 61).

Quanto às partes do corpo, a estrutura é formada por informações referentes às configurações e movimentos do ombro, tronco e cabeça. Três configurações básicas de mão: mãos circular (punho aberto), aberta (mão plana) e fechada (punho fechado). O SW tem sete símbolos que podem representar a mão sem especificar se essa mão é a direita ou a esquerda. Existem seis formas de representar o contato dos símbolos que compõem o sinal, seja mão com mão, mão com corpo ou mão com cabeça (SILVA et al., 2018, p. 07).

Esse é apenas um exemplo para você entender o porquê de existirem mais de 1900 símbolos na escrita de sinais *SignWriting*.

No Brasil, o sistema de escrita *SignWriting* está sendo utilizado tanto nas escolas quanto em cursos de Libras e também em aulas de informática para alunos(as) surdos(as), mesmo não sendo uma escrita de sinais oficial no país — o que se deve ao fato de ainda ser necessário muito estudo sobre esse sistema de escrita.

Saiba mais

Para saber mais sobre a biografia de Valerie Sutton, a idealizadora do *SignWriting*, leia o artigo de Ronice Müller de Quadros intitulado "Um capítulo da história do *SignWriting*", disponível no link a seguir.

https://goo.gl/3MshBC

Os processos de aquisição da escrita de sinais pela criança surda

A aquisição da leitura e da escrita pela criança surda ainda requer muitas discussões e pesquisas na área, mas algumas questões mais conhecidas são consideradas relevantes para essas dificuldades. Segundo Capovilla e Raphael (2001, p. 1493), as dificuldades encontradas pelas crianças surdas ocorrem devido ao fato de que a aquisição da leitura e da escrita não acontece na sua língua natural, ou seja, na língua de sinais. Nesse sentido, os autores acreditam que seja fundamental que essa aquisição aconteça na língua de sinais.

[...] a criança surda encontra-se numa situação peculiar de descontinuidade entre os sistemas primário e secundário de representação linguística, entre a

> sinalização interna visual e quiroarticulatória com que ela faz seu processamento interno, e o sistema de escrita alfabético fonológico com que se espera que ela se expresse. Na criança ouvinte, a fala (sistema de representação primária) funciona como base para a aquisição da leitura e escrita (sistema de representação secundária); e, por sua vez, a aquisição da leitura e escrita tem um efeito extraordinário de reorganização sobre o desenvolvimento da fala (CAPOVILLA; RAPHAEL, 2001, p. 1493).

Para os surdos, a aquisição da língua portuguesa escrita não acontece de forma natural porque, como mencionado, a língua de sinais é considerada a primeira língua das comunidades surdas e a língua portuguesa, na modalidade escrita, como a segunda língua. Nesse sentido, como aponta Quadros (1997), a língua portuguesa na modalidade escrita é processada como uma língua estrangeira, o que significa dizer que o ensino ocorrerá em um ambiente artificial, com sistematização e a partir de métodos específicos de ensino.

No entanto, ainda percebemos uma primazia da língua portuguesa em relação à língua de sinais tanto nas escolas regulares quanto nas escolas de surdos. Ou seja, mesmo que a língua de sinais tenha sido oficializada e tenha o status de língua, a língua portuguesa ainda continua sendo considerada a língua mais importante. Essa questão é muito preocupante porque, ao colocarmos a língua de sinais em um lugar "menor", iremos sempre considerar a leitura e a escrita dos surdos como deficitárias, o que leva aos vários discursos de que os surdos têm dificuldades na leitura e na escrita, têm problemas de aprendizagem ou, ainda, têm dificuldades na aquisição dos códigos.

Nesse sentido, a escrita de sinais representa as línguas de sinais de um modo gráfico estruturado que funciona como um sistema de escrita alfabético, em que as unidades gráficas básicas correspondem às unidades gestuais fundamentais, suas propriedades e relações. Ou seja, a aquisição da leitura e da escrita se dá na mesma língua.

Outro ponto relevante em relação a essa questão é sobre o acesso precoce da criança surda à língua de sinais: é fundamental que a criança surda tenha acesso à língua de sinais desde a mais tenra idade, já que, nesse sentido, ao ir para a escola, essa criança já terá familiaridade com a sua língua materna.

Educação bilíngue

A educação bilíngue surge como uma possibilidade em relação ao ensino e à aprendizagem dos sujeitos surdos. De acordo com essa proposta, o ensino da escrita de sinais deve dar-se em um ambiente bilíngue, que deverá ter a língua de sinais como primeira língua e a língua portuguesa na sua modalidade escrita como segunda língua.

Silva (2013), a partir de trabalho em uma escola de surdos que utiliza a escrita de sinais, enumera quatro aspectos que acredita ser importantes para que a proposta bilíngue seja trabalhada de forma a construir uma proposta de educação inclusiva:

- Atendimento educacional especializado **em** Libras.
- Atendimento educacional especializado **para o ensino da língua portuguesa**.
- Atendimento educacional especializado **de** Libras.
- Atendimento educacional especializado **para o ensino da escrita da língua de sinais**.

É importante destacar que esses quatro aspectos apontados pela autora tornam-se necessários devido à realidade enfrentada na escola de surdos, ou seja, mesmo na escola de surdos, ainda não temos professores capacitados e especializados para trabalhar as demandas de uma educação bilíngue, com professores que trabalham em escolas de surdos sem fluência na língua de sinais. Caso esse quadro se modifique, não será mais necessário nenhum tipo de atendimento especializado, já que, na própria sala de aula, todos esses aspectos serão contemplados.

Segundo Silva (2013, p. 05):

> Bem, pela manhã, observou-se que os alunos tinham aulas com professores que, em sua maioria, não sabiam a língua de sinais. Ao invés de chamar um profissional intérprete fluente em Libras para atender os alunos em sala de aula, o diretor decidiu convidar três professores surdos, graduados em pedagogia, para dar aulas para os alunos surdos com os professores ouvintes. Mas, sendo o professor uma pessoa surda, como iria ele chegar na sala de aula, frente aos alunos surdos e ouvintes, e fazer uma interpretação do que o professor ouvinte estivesse falando? A estratégia foi que o professor surdo fazia previamente uma organização, um planejamento, sabendo, por exemplo, o conteúdo a ser estudado na semana seguinte, organizando seu material para toda semana de aula.

Ao transportarmos essa realidade para a sala de aula e pensarmos nas formas como as crianças surdas adquirem a escrita, fica evidente que ainda precisamos avançar muito. Na verdade, não só a aquisição da escrita fica defasada, todos os processos de aprendizagem são prejudicados.

Exemplo

A contação de histórias e contos de fadas em língua de sinais é um recurso muito utilizado pelos(as) professores(as) para ensinar as crianças surdas. Acesse o link a seguir para ver um exemplo em que você encontra sugestões para trabalhar com as crianças.

https://goo.gl/FfZa3J

Exercícios

1. William Stokoe (1919-2000) foi um importante pesquisador da área da linguística que elaborou um sistema de escrita de sinais conhecido como notação Stokoe. No entanto, um século antes, um professor francês, estudioso da área da surdez, já havia criado um sistema de escrita de sinais, pouco difundido na atualidade. Qual é o nome desse professor?
  a) Claudio Alves Benassi.
  b) Antônio Carlos da Rocha Costa.
  c) Roch Ambroise Auguste Bébian.
  d) Alan David Sousa Silva.
  e) Édouard Huet.

2. Alguns pesquisadores, ao analisarem a escrita dos sujeitos surdos, alegam que a escrita dos mesmos não segue a mesma construção da escrita dos ouvintes. Isso acontece devido a qual fator?
  a) Isso acontece porque a L1 dos ouvintes é a língua portuguesa, diferentemente dos surdos, para os quais a L1 é a língua de sinais.
  b) Isso acontece porque a L1 dos surdos é a língua portuguesa, diferentemente dos ouvintes, para os quais a L1 é a língua de sinais.
  c) Isso acontece porque a L1 dos ouvintes é a língua portuguesa, diferentemente dos surdos, para os quais a L2 é a língua de sinais.
  d) Isso acontece porque a L2 dos surdos é a língua de sinais, diferentemente dos ouvintes, para os quais a L1 é a língua de sinais.
  e) Isso acontece porque a L2 dos ouvintes é a língua portuguesa, diferentemente dos surdos, para os quais a L1 é a língua de sinais.

3. A coreógrafa norte-americana Valerie Sutton desenvolveu, em 1974, um sistema gráfico-esquemático-visual secundário das línguas de sinais. Esse sistema, hoje em dia, é utilizado em mais de 35 países, inclusive no Brasil. Qual é o nome desse sistema de escrita de sinais?
  a) Escrita de Língua de Sinais (ELiS).
  b) Sistema de Escrita da Libras (SEL).
  c) Escrita Visogramada das Línguas de Sinais (VisoGrafia).
  d) *SignWriting*.
  e) Hamnosys.

4. A aquisição da língua portuguesa escrita para os surdos não acontece de forma natural, o que ocorre porque a língua de sinais é considerada a primeira língua (L1) das comunidades surdas e a língua portuguesa, na modalidade escrita, como a segunda língua (L2). A partir disso, Quadros (1997) afirma que a língua portuguesa na modalidade escrita é processada como uma língua estrangeira. Isso significa dizer que:

a) o ensino ocorrerá em um ambiente artificial, com sistematização e a partir de métodos específicos de ensino.

b) o ensino não ocorrerá mesmo com a utilização dos métodos adequados.

c) o ensino ocorrerá de forma natural.

d) o ensino da língua portuguesa não está associado ao uso da língua.

e) o ensino da língua portuguesa não pode ser associado ou comparado a uma língua estrangeira.

5. A proposta da educação bilíngue para surdos vem acenando para a possibilidade de uma educação com mais qualidade e que atenda às especificidades de aprendizagem desses sujeitos. Nesse sentido, sinalize a principal proposta da educação bilíngue.

a) Nessa proposta de educação, a língua de sinais será trabalhada como a L1 dos sujeitos surdos, e a língua portuguesa na modalidade escrita será trabalhada como a L2.

b) Nessa proposta de educação, a língua de sinais será trabalhada como a L2 dos sujeitos surdos, e a língua portuguesa na modalidade escrita será trabalhada como a L1.

c) Nessa proposta de educação, a questão do uso das línguas não é um assunto considerado relevante.

d) Nessa proposta de educação, o ensino da língua portuguesa na modalidade escrita não é trabalhado, apenas a língua de sinais.

e) Nessa proposta de educação, a língua de sinais não é considerada como relevante, apenas o ensino da língua portuguesa na modalidade escrita é considerado.

Referências

AGUIAR, T. C.; CHAIBUE, K. Histórico das Escritas de Língua de Sinais. *Revista Virtual de Cultura Surda*, n. 15, mar. 2015. Disponível em: <https://editora-arara-azul.com.br/site/admin/ckfinder/userfiles/files/3%C2%BA%20Artigo%20para%20REVISTA%2015%20de%20THIAGO%20AGUIAR%20e%20KARIME%20CHAIBUE.pdf>. Acesso em: 12 dez. 2018.

CAPOVILLA, F. C.; RAFHAEL, W. D. *Dicionário Enciclopédico Ilustrado Trilíngue:* Língua de Sinais Brasileira. 3. ed. São Paulo: Edusp, 2001. 2 v.

QUADROS, R. M. Aquisição de L1 e L2: o contexto da pessoa surda. In: SEMINÁRIO DESAFIOS E POSSIBILIDADES NA EDUCAÇÃO BILÍNGUE PARA SURDOS, 1997, Rio de Janeiro. *Anais...* Rio de Janeiro: Instituto Nacional de Educação de Surdos, 1997. p. 70-87. Disponível em: <http://dominiopublico.mec.gov.br/download/texto/me002964.pdf>. Acesso em: 12 dez. 2018.

SILVA, E. V. L. A Escrita da Língua de Sinais na Escola Inclusiva através do AEE. In: ENCONTRO DA ASSOCIAÇÃO BRASILEIRA DE PESQUISADORES EM EDUCAÇÃO ESPECIAL, 8., 2013, Londrina. *Anais...* Londrina: UEL, 2013. Disponível em: <http://www.uel.br/eventos/congressomultidisciplinar/pages/arquivos/anais/2013/AT01-2013/AT01-083.pdf>. Acesso em: 12 dez. 2018.

SILVA, A. D. S. et al. Os sistemas de Escrita de Sinais no Brasil. *Revista Virtual de Cultura Surda*, n. 23, maio 2018. Disponível em: <https://editora-arara-azul.com.br/site/admin/ckfinder/userfiles/files/2%C2%BA%20Artigo%20da%20Revista%2023%20de%20SOUSA%20SILVA%20e%20Outros.pdf>. Acesso em: 12 dez. 2018.

STUMPF, M. R. *Aprendizagem de escrita de língua de sinais pelo sistema SignWriting:* língua de sinais no papel e no computador. Tese (Doutorado em Informática na Educação) - Universidade Federal do Rio Grande do Sul, Porto Alegre, 2005. Disponível: <https://lume.ufrgs.br/handle/10183/5429>. Acesso em: 12 dez. 2018.

Leituras recomendadas

MORAIS, C. D. Flexibilidade e Simplificação do Sistema SignWriting quanto à alocação ou não dos Movimentos Simultâneo e Alternado. *Revista Virtual de Cultura Surda*, n. 24, set. 2018. Disponível em: <https://editora-arara-azul.com.br/site/admin/ckfinder/userfiles/files/1%C2%BA%20Artigo%20da%20Revista%2024%20de%20MORAIS.pdf>. Acesso em: 12 dez. 2018.

QUADROS, R. M. *Um capítulo da história do SignWriting*. 1999. Disponível em: <http://www.signwriting.org/library/history/hist010.html>. Acesso em: 12 dez. 2018.

RODRIGUES, L. A. *Contos de fadas em Libras*. 2011. Disponível em: <http://internas.net-name.com.br/arquivos/telesala/Oficina_Contos_de_fadas_em_LIBRAS_29_10_11-EI.pdf>. Acesso em: 12 dez. 2018.

TENOR, A. C. Educação Bilíngue para Criança Surda com Implante Coclear: o que dizem as pesquisas? *Revista Virtual de Cultura Surda*, n. 23, maio 2018. Disponível em: <https://editora-arara-azul.com.br/site/admin/ckfinder/userfiles/files/8%C2%BA%20Artigo%20da%20Revista%2023%20de%20TENOR.pdf>. Acesso em: 12 dez. 2018.

UNIDADE **4**

Comunidade, cultura e identidade surda

Objetivos de aprendizagem

Ao final deste texto, você deve apresentar os seguintes aprendizados:

- Reconhecer a importância da cultura surda.
- Identificar o processo da construção da identidade surda.
- Comparar as diferenças entre a comunidade surda e a ouvinte.

Introdução

A comunidade surda, dentre as tantas que existem, é composta por pessoas com características próprias de pertencimento, que têm um espaço comum de partilha linguística e cultural.

Neste capítulo, você vai estudar sobre a comunidade, a cultura e a identidade surda, bem como a importância da Libras por ser um idioma gesto-visual que utiliza as mãos, o corpo e as expressões faciais para a comunicação dentro de um determinado espaço, caracterizando a cultura e a identidade surda.

A cultura surda

Conforme Behares (1999), os surdos passaram por muitos momentos controversos e difíceis, pois eram proibidos de utilizar a sua língua natural e considerados pessoas com poucas capacidades intelectuais. A história já deixou claro que as sociedades já viveram muitas fases de preconceito e desvalorização. Apesar de tudo isso, os surdos sobreviveram em sua cultura e identidade. A linguagem de sinais, que, a princípio, foi proibida em ambientes públicos, principalmente nas escolas, manteve-se viva nos corredores e ambientes fechados. No contexto brasileiro, temos a Libras, que não apenas identifica o surdo, mas desenvolve seu conhecimento de mundo, sua capacidade de valorizar seu modo de vida e fazer com que se sinta participante da vida social.

Com a promulgação da Lei nº. 10.436, de 24 de abril de 2002, houve o reconhecimento da Libras como uma língua, e, a partir disso, a consideração, valorização e respeito à cultura surda, porque, até então, os surdos eram considerados incapazes, deficientes e sem condições de trabalhar, de participar de determinados eventos políticos e/ou até mesmo de estudar. Hoje, sabemos que há muitos surdos com graduação, mestrado e doutorado atuando em instituições de ensino superior. A partir dessa lei, muita coisa mudou e muitas pessoas começaram se interessar pelas questões que envolvem a população surda, sua cultura, identidade e seu ensino.

Além da Libras, outros elementos fazem parte da cultura surda e são considerados artefatos culturais e tecnológicos como, por exemplo: TDD (*telecomunications device for of deaf*, aparelho de telefone para surdos); aparelho auditivo, *closed caption*; implante coclear; teatro surdo; piada surda; literatura surda; artes visuais; alerta luminoso, como as campainhas nas escolas de surdos e em suas residências; despertadores com *vibracall*; entre outros. De acordo com Strobel (2008):

> Cultura surda é o jeito de o sujeito surdo entender o mundo e de modificá-lo a fim de torná-lo acessível e habitável ajustando-o com as suas percepções visuais, que contribuem para a definição das identidades surdas e das "almas" das comunidades surdas. Isto significa que abrange a língua, as ideias, as crenças, os costumes e os hábitos do povo surdo.

Portanto, é a forma particular de compreender o mundo e de expressá-lo. É um lugar de construção da subjetividade surda e de assegurar sua sobrevivência, percebendo-se de uma forma diferente e não mais como um deficiente. Os surdos utilizam a experiência visual e uma língua viso-gestual. Eles participam da cultura, sendo sujeitos com expressões identitárias que compartilham das mesmas crenças, valores, ideias, tradições sociointerativas e se comportam como pessoas surdas.

No entanto, é importante salientar que a maioria dos surdos são filhos de pais ouvintes e muitos não conhecem a Libras e nem participam da comunidade surda. Alguns podem entrar em contato com essa cultura tardiamente, dificultando a descoberta de sua identidade. Alguns pais ficam reclusos, pois não se sentem parte da sociedade e, muitas vezes, com o intuito de proteger seus filhos, não oportunizam o contato com outras pessoas surdas e nem os conduzem às escolas.

A cultura surda é compartilhada em escolas, associações e comunidades. De acordo com Salles et al. (2007), no Brasil, há um local conquistado pelos surdos em que se partilham ideias, concepções, aspectos gerais da cultura surda sem a interferência de ouvintes e que no qual se reflete sobre as peculiaridades da visão surda do mundo e se discute política e assuntos relacionados à surdez e à educação. Esse local é a FENEIS (Federação Nacional de Educação e Integração dos Surdos), que tem sede no Rio de Janeiro e filiais espalhadas em diversos estados brasileiros. Os eventos são organizados em diversas capitais do Brasil para divulgar a arte e a cultura surda, como, por exemplo, os seminários, congressos e festivais abertos à participação de ouvintes. Nesses momentos, a língua de sinais, sendo a língua oficial, é linguagem utilizada.

Link

Para você aprofundar mais o seu conhecimento sobre as informações dos artefatos culturais do povo surdo e a sua importância para a constituição do sujeito acesse o link a seguir.

https://goo.gl/kwpRMP

A identidade surda

A constituição da identidade de uma pessoa envolve seu conhecimento de mundo, suas vivências pessoais, educacionais, culturais e formas particulares de interagir com o meio social, bem como características que a tornam única entre seus semelhantes. A identidade se constrói na relação com o outro, em que são estabelecidos critérios de semelhança e diferença, permitindo que cada um encontre seu lugar junto à sociedade. Não é diferente com as pessoas surdas, que formam sua identidade de forma múltipla e multifacetada, tomando uma posição perante os demais. As identidades surdas estão constantemente sendo redefinidas pelo momento histórico e por questões políticas pelas quais a sociedade está passando, alterando o modo de se perceber diante dessas mudanças e de se posicionar frente à sociedade. Assim, em virtude de vários processos vivenciados e mudanças, a identidade surda se constituirá no reconhecimento da surdez como diferença, e não como deficiência. No entanto, essa identidade não tem como referência única e fixa o uso da língua de sinais, fundamental na cultura surda, visto que, dependendo da forma como a pessoa se reconhece, não se utilizará da língua que constitui a principal característica da cultura surda. Nesse sentido, Behares (1999) argumenta:

> O "ser surdo" não supõe a existência de uma identidade surda única e essencial a ser revelada a partir de alguns traços comuns e universais. As representações sobre as identidades mudam com o passar do tempo, nos diferentes grupos culturais, no espaço geográfico, nos momentos históricos, nos sujeitos. Neste sentido, é necessário ver a comunidade surda de uma forma ostensivamente plural. O sujeito contemporâneo não possui uma identidade fixa, estática, centrada, essencial ou permanente. A identidade é móvel, descentrada, dinâmica, formada e transformada continuamente em relação às formas através das quais é representada nos diferentes sistemas culturais.

Nesse contexto, a identidade surda será formada de acordo com sua participação, ou não, na comunidade surda em que ela se desenvolverá e se transformará; por isso, é importante salientar que as identidades surdas não são todas iguais, mas, sim, heterogêneas. De acordo com o contato com seus semelhantes, a identidade da pessoa surda se fortalecerá e lhe trará mais segurança. Assim, o encontro surdo-surdo é essencial para a construção da identidade surda. Conforme Perlin (2000), existem quatro principais identidades:

- **identidade surda:** politicamente estabelecida;
- **identidade surda híbrida:** o surdo nasce ouvinte e, com o passar do tempo, torna-se surdo;
- **identidade surda flutuante:** os sujeitos não se reconhecem como surdos;
- **identidade de transição:** identifica o momento de transformação em que os surdos deixam a identidade flutuante e projetam-se na identidade surda.

Dentro dessas identificações, as pessoas com deficiência auditiva que possuem restos de audição não participam da cultura surda; porém, se utilizarem aparelhos auriculares e correção da fala, o som fará parte de suas vidas. A classificação para o grau de surdez, que é medido por unidades chamadas decibéis (db), considera surdez profunda (90 db), moderada (entre 40 e 70 db) e leve (até 40 db).

O papel das famílias tem uma grande influência na construção da identidade dos sujeitos surdos, pois elas podem, ao mesmo tempo, excluir ou incluir. Elas excluem os que não conseguem perceber a diferença e, sim, a deficiência, negando suas potencialidades e privando-os de um convívio com a comunidade surda. É como se fossem seres incompletos e possuíssem uma marca depreciativa e de constrangimento. Por outro lado, incluem as famílias que procuram conhecer a comunidade, escolas, a Libras e estão em constante luta pelo bem-estar de seus filhos, incentivando-os a se desenvolverem.

Saiba mais

Para saber mais detalhes sobre s identidades surdas, leia as obras *Identidades surdas*, de Gladis Perlin, e *A surdez — um olhar sobre as diferenças*, de Carlos Skliar.

A comunidade surda e a ouvinte

A palavra comunidade, de acordo com o dicionário Michaelis (2018), refere-se a um grupo de pessoas com características comuns. Por exemplo, comunidade europeia, comunidade católica, comunidades de bairros, etc.

Dentre tantas comunidades, existe a comunidade surda, que, mesmo sendo considerada como minoria, apresenta características próprias de pertencimento, pois as pessoas que participam dessa comunidade utilizam a língua de sinais, compartilham suas histórias, possuem o mesmo objetivo e têm um espaço comum de partilha linguística e cultural.

Nesse espaço, participam pessoas surdas e ouvintes unidas por uma série de vínculos e afinidades, tendo como pré-requisito a fluência em língua de sinais.

De acordo com Perlin (1998), a comunidade surda é representada por um grupo que habita um lugar determinado e legitimado por características específicas, porém não isolado, vivendo no meio de pessoas ouvintes, que são a grande maioria. Nessas características, entram os aspectos antropológicos: história, língua, cultura e arte, porém, também entram outros elementos comuns entre a comunidade surda e a comunidade ouvinte: nacionalidade, religião, governo, raça e etnia.

A comunidade surda, mesmo sendo inserida em um contexto maior, possui um sentimento de ligação intencional a um ambiente de encontro de iguais e de pessoas com os mesmos interesses e objetivos. Ela desenvolve um sentimento de sujeitos culturais e sociais, já que as pessoas não se percebem como deficientes. É um local de partilha do individual e do coletivo. Dessa forma, surgem, então, as associações, nas quais acontecem debates e lazer, a valorização da língua de sinais e da cultura surda. A partir disso, a cultura surda vai desenvolvendo-se e diversificando-se em hábitos e costumes.

O sujeito surdo começa a se perceber com uma diferença linguística, não mais vendo-se como um ser deficiente. Ao participar da comunidade, há o fortalecimento de sua identidade, visto que, ao interagir com os participantes, a pessoa se identificará e se assumirá como ser surdo. Na comunidade, são construídos momentos importantes, nos quais se pode trocar experiências, obter informações, ter apoio, lutar por reconhecimento e valorização dianta sociedade.

É importante salientar, no entanto, que participam da comunidade surda diferentes identidades surdas, como os implantados, pessoas com deficiências auditivas, surdos que sabem bem a Libras e outros nem tanto, intérpretes e familiares ouvintes. Há diversidade, respeito e consideração por todos nas diferenças existentes.

A comunidade surda pode ser representada por clubes, associações, igrejas e escolas, ambientes de interação e aproximação nos quais os indivíduos podem reunir-se, compartilhar a cultura surda e constituir-se como cidadãos.

Link

O *Cultura surda* é um espaço de promoções culturais relacionadas a comunidades surdas de diversos países. Para conhecê-lo melhor, acesse o link a seguir.

https://goo.gl/ujoXU3

Exercícios

1. O pertencimento a um grupo é de grande importância para o pleno viver de um indivíduo surdo. Selecione a alternativa que apresenta corretamente o conceito de comunidade surda.

a) Um lugar onde convivem surdos e ouvintes, conversando, interagindo e discutindo sobre diversos assuntos por intermédio da Libras. Sendo assim, as comunidades surdas são os locais onde ocorre a interação com outros surdos e com ouvintes que ali frequentam, recriando-se as identidades surdas, as narrativas pessoais, os marcadores culturais, as lutas e os discursos que permeiam os grupos surdos.

b) Compartilhar experiências em um grupo homogêneo, isto é,

somente surdos, sem a interação com pessoas ouvintes.

c) É uma comunidade seleta, em que somente surdos podem participar da comunidade, pois é a única forma de se proteger da opressão ouvintista.

d) Grupo de surdos puros, unidos por uma série de afinidades e vínculos com Libras, nos quais ouvintes não são permitidos, apenas pessoas com deficiência auditiva.

e) A busca pelo semelhante, por segurança, conforto e interlocutores possíveis que compartilham formas de comunicação visual, além de expectativas e projetos comuns, fazem das comunidades surdas espaços exclusivamente de surdos, excluindo qualquer pessoa que não seja surda, até mesmo familiares de surdos.

2. A cultura surda possui semelhanças em relação à cultura ouvinte, mas a cultura surda também tem algumas peculiaridades que a caracterizam. Marque a alternativa correta sobre o conceito de cultura surda.

a) A cultura surda é igual à cultura ouvinte no que diz respeito ao registro escrito de suas histórias.

b) Por intermédio da cultura, os surdos constituem sua comunidade, valores, crenças, costumes, hábitos e identidade, que são passados de geração para geração, valorizando as experiências visuais e a Libras como meio de comunicação e interação com o outro e com o mundo.

c) A cultura surda é a cópia fiel da cultura ouvinte, pois os surdos querem ser como as pessoas ouvintes e, por isso, a sua cul-

tura é um espelho que reflete a cultura deles.

d) Por meio da valorização da cultura é que surgem as datas comemorativas dentro da comunidade surda. Por intermédio dela, os surdos constituem comunidade, valores, arte, costumes, hábitos e identidade, que são passados de geração para geração por familiares de surdos por meio da fala.

e) Cultura surda trata-se de um conjunto de comportamentos que são aprendidos no decorrer das gerações de um determinado grupo de pessoas de uma comunidade, que têm uma língua própria, valores, regras, comportamentos e tradições centralizados no mundo ouvinte e na língua oral-auditiva.

3. Assinale a alternativa correta sobre a identidade surda.

a) O sujeito surdo que assume a sua identidade está inserido na comunidade, ele se enxerga dentro dela e vivencia todas as suas experiências nos espaços culturais ouvintes.

b) Há surdos que, por fatores sociais ou familiares, têm suas primeiras experiências visuais relacionadas apenas com as referências do mundo ouvinte. Por esse viés, todas as suas memórias e relação com o mundo se dão por intermédio do som, desvinculadas das experiências e perspectivas visuais, o que constitui sua identidade.

c) Identidade surda é espelhar-se nas representações e manifestações do mundo ouvinte, é desvinculada do mundo visual e não tem a necessidade de desenvolver as experiências,

Comunidade, cultura e identidade surda

habilidades e competências dos sinais gesto-visuais e da Libras.

d) Para que o sujeito surdo construa a sua identidade, ele tem de se apropriar da identidade ouvinte primeiro, isto é, ser oralizado, visando facilitar sua adaptação à cultura surda.

e) O fator cultural está estritamente ligado à construção da identidade surda, isto é, o sujeito precisa ter contato e conhecer a comunidade e a sua cultura para, então, poder tomar a decisão de se integrar a ela (assumindo sua identidade como surdo) ou não.

4. A Libras é a língua utilizada para a comunicação surdo com surdo ou entre surdos e os ouvintes que saibam a língua de sinais. Analise as sentenças a seguir e marque a alternativa correta sobre a língua natural dos surdos brasileiros (Libras).

a) A língua natural é dispensável para a constituição da identidade surda.

b) A Libras é uma língua natural criada pela comunidade surda para se comunicar.

c) Na língua natural surda, a construção de sentenças e diálogos é limitada, sendo necessário recorrer à língua adicional (português) em casos específicos.

d) A língua natural do sujeito surdo nada mais é do que sinais soltos no ar, sem sentido algum, sendo incapaz de expressar ideias, sentimentos ou coisas abstratas.

e) A língua natural para o sujeito surdo é a língua portuguesa, e a ela estão associados as regras gramaticais e os sons (fonemas).

5. Dos itens apresentados a seguir, qual deles se adapta aos fatores de constituição da identidade surda?

a) Usar a língua da comunidade surda e importar-se com a busca por direitos e conquistas que beneficiem a comunidade e fortaleçam a cultura surda. No entanto, não basta usar a língua natural da comunidade surda e se importar com a manutenção da cultura; é essencial, também, considerar-se um integrante dela e ter orgulho de ser surdo.

b) Convívio com surdos e ouvintes, participando ativamente tanto na cultura ouvinte quanto na cultura surda. Ao fazer isso, o sujeito cria uma identidade híbrida, que consegue transitar entre as duas culturas (ouvinte e surda).

c) Grande parte dos surdos são filhos de pais ouvintes e, por isso, eles desenvolvem apenas a identidade ouvinte, sem ter a chance de construir a identidade surda com base em um modelo surdo que só pode ser encontrado no contato com a comunidade surda.

d) Durante o processo de constituição da identidade, os surdos não têm momentos de transição conflituosa; isso ocorre de forma tranquila e natural.

e) A identidade surda se constitui por intermédio do próprio surdo, sem a necessidade de interação com outros surdos, com a comunidade surda ou com elementos da cultura surda.

Referências

BEHARES, L. E. Línguas e identificações: as crianças surdas entre o "sim" e o "não". In: SCKLIAR, C. (Org.) *Atualidade da educação bilíngue para surdos*. 2.ed. Porto Alegre: Mediação, 1999. v. 2. p. 131-137.

PERLIN, G. *Histórias de vida surda*: identidades em questão. 1998. 99 f. Dissertação (Mestrado em Educação) -Universidade Federal do Rio Grande do Sul, Porto Alegre, 1998. Disponível em: <http://www.porsinal.pt/index.php?ps=artigos&idt=artc&cat=20&idart=153>. Acesso em: 5 abr. 2018.

PERLIN, G. Identidade surda e currículo. In: LACERDA, C. B. F.; GÓES, M. C. R. (Orgs.) *Surdez*: processos educativos e subjetividade. São Paulo: Lovise, 2000. p. 26.

SALLES, H. M. M. L. *et al. Ensino da língua portuguesa para surdos*: caminhos para a prática pedagógica. 2. ed. Brasília: MEC, SEESP, 2007. v. 1.

STROBEL, K. L. *As imagens do outro sobre a cultura surda*. Florianópolis: UFSC, 2008.

Leituras recomendadas

BRASIL. Lei nº 10.436, de 24 de abril de 2002. *Casa Civil - Presidência da República*. Disponível em: <http://www.planalto.gov.br/ccivil_03/Leis/2002/L10436.htm>. Acesso em: 15 fev. 2018.

LOPES, M. C. (Org.). *Cultura surda e libras*. São Leopoldo: Unisinos, 2012. 155 p.

PERLIN, G. Identidades surdas. In: SKLIAR, C. (Org.). *A surdez*: um olhar sobre as diferenças. Porto Alegre: Mediação, 2005. p. 51-73.

SANTOS, S. F; MOLON, S. I. Comunidade surda e língua brasileira de sinais nos relatos de uma professora surda. *Revista Eletrônica de Educação*, São Carlos, v. 8, n. 2, p. 304-320, 2014. Disponível em: <http://www.reveduc.ufscar.br/index.php/reveduc/article/view/800>. Acesso em: 5 abr. 2018.

Libras como língua natural e português como segunda língua

Objetivos de aprendizagem

Ao final deste texto, você deve apresentar os seguintes aprendizados:

- Identificar como os surdos vivenciam as experiências visuais.
- Reconhecer as diferenças educacionais para a L1 (Libras) e L2 (português).
- Analisar as formas distintas de aquisição da linguagem pela criança surda.

Introdução

Construir a identidade como sujeito surdo só é possível quando a pessoa surda é apresentada à língua de sinais e à cultura da comunidade surda, que tem por característica a construção de uma subjetivação com base nas experiências visuais.

Diante disso, neste capítulo, você vai estudar como as experiências visuais vivenciadas pelos surdos auxiliam na formação da identidade pelo sujeito. Também reconhecerá as diferenças educacionais da língua brasileira de sinais (Libras) como L1 (primeira língua) e da língua portuguesa como L2 (segunda língua) e compreenderá as formas diferenciadas de aquisição da linguagem pela criança surda.

Os surdos e as experiências visuais

As pessoas percebem o mundo por meio de suas experiências, isto é, o processo de aprendizado completo parte da interação pessoal, desde o nascimento, com a sociedade e a cultura em que está inserida. Contudo, ao se tratar de pessoas surdas, elas não percebem o mundo da mesma forma que os ouvintes, que representam a maioria social com a qual interagem os surdos. Por mais que a pessoa surda esteja inserida na sociedade e na cultura ouvinte, ela não percebe o mundo por meio de experiências ouvintistas e, sim, por experiências visuais, do tipo. A seguir, serão apresentados alguns recursos que auxiliam essas experiências.

TV INES

Integra os públicos surdo e ouvinte. A parceria do Instituto Nacional de Educação de Surdos (INES) e da Associação de Comunicação Educativa Roquette Pinto (ACERP) viabilizou a primeira web TV (Figura 1) em língua brasileira de sinais (Libras), com legendas como forma de acessibilidade para aqueles que desconhecem a Libras.

Figura 1. Web TV em língua brasileira de sinais (Libras).
Fonte: TV INES (2018).

Lei nº. 13.146, de 06 de julho de 2015

Institui a Lei Brasileira de Inclusão da Pessoa com Deficiência (Estatuto da Pessoa com Deficiência).

> Art. 30 – Nos processos seletivos para ingresso e permanência nos cursos oferecidos pelas instituições de ensino superior e de educação profissional e tecnológica, públicas e privadas, devem ser adotadas as seguintes medidas:

III – Disponibilização de provas em formatos acessíveis para atendimento às necessidades específicas do candidato com deficiência (O Enem de 2017 forneceu pela primeira vez a vídeo-prova aos candidatos surdos [Figura 2]).
IV – Disponibilização de recursos de acessibilidade e de tecnologia assistiva adequados, previamente solicitados e escolhidos pelo candidato com deficiência.
VII – Tradução completa do edital e de suas retificações em Libras. (Uma grande conquista da comunidade surda ao conseguir que os editais públicos sejam fornecidos também em Libras).

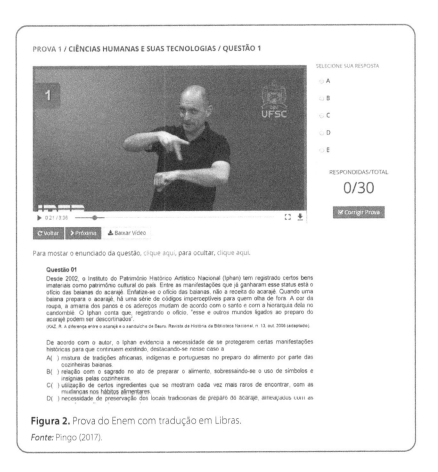

Figura 2. Prova do Enem com tradução em Libras.
Fonte: Pingo (2017).

Blog "Surdo para Surdo"

"Surdo para Surdo" é uma plataforma de tutoria on-line para a comunidade surda. A matéria em questão foca em 8 (oito) canais no YouTube que fornecem educação em língua de sinais (Figura 3). Além desses exemplos, também existem diversos outros canais independentes produzidos por pessoas surdas, representando uma gama de vídeos inteiramente em Libras à disposição da comunidade surda ou de ouvintes que saibam Libras.

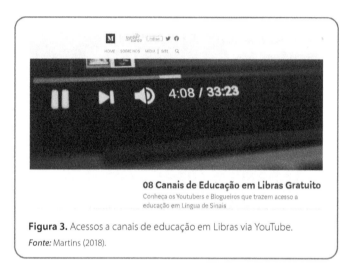

Figura 3. Acessos a canais de educação em Libras via YouTube.
Fonte: Martins (2018).

Cinema com tradução em Libras

O filme "Tropa de elite 2 — O inimigo agora é outro" foi traduzido diretamente para a Libras, proporcionando ao sujeito surdo a vivência de uma experiência única ao assistir a um filme no cinema (Figura 4).

Figura 4. Cinema com tradução em Libras.
Fonte: Filmes que Voam (2017).

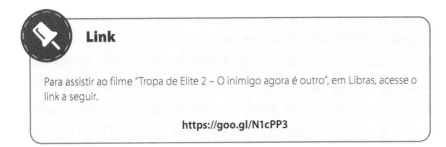

Link

Para assistir ao filme "Tropa de Elite 2 – O inimigo agora é outro", em Libras, acesse o link a seguir.

https://goo.gl/N1cPP3

Teatro em Libras

Existe pouca compreensão e discussão sobre o acesso da comunidade surda às informações que são transmitidas a todos os cidadãos. Todos têm o direito de participar ativamente da sociedade, mas quase não há espaço para apreciação e valorização da cultura surda. As experiências visuais, como o teatro, proporcionam ao sujeito surdo outro jeito de ver o mundo, explorando diferentes sentidos e outras formas de expressão e comunicação (Figura 5).

Figura 5. Teatro em Libras: a arte com ponte entre os mundos surdo e ouvinte.
Fonte: Soares (2018).

Saiba mais

A falta de acessibilidade com foco em experiências visuais ainda é um problema. O português escrito não é a língua natural do sujeito surdo.

O contato e a troca de experiências com o meio social são essenciais para o desenvolvimento do ser humano. Visto isso, a pessoa que nasceu com deficiência auditiva ou que a adquiriu no decorrer da vida possui enormes dificuldades de interação com o meio em que vive quando essa troca não é baseada em uma filosofia visual, gerando barreiras comunicativas e interculturais entre surdos e ouvintes.

Hino nacional em Libras

A partir de um estudo dos sentidos das palavras e de uma imersão no contexto, chegamos a um resultado poético e sensível do hino nacional brasileiro em Libras. Por meio da performance do ator Bruno Ramos, classificadores e sinais da língua transmitem momentos históricos do Brasil de forma acessível para surdos e ouvintes (Figura 6).

Figura 6. Hino nacional brasileiro para surdos e ouvintes.
Fonte: Hino Nacional Brasileiro em Libras (2015).

As diferenças educacionais para a aquisição de L1 (Libras) e de L2 (português)

Partindo de uma proposta educacional baseada em experiências visuais, a língua de sinais tem que ser adotada como primeira língua ou L1, visto que ela é desenvolvida naturalmente pelo sujeito surdo quando lhe é apresentada. Já o português entra como uma segunda língua de aprendizado, ou L2, para o sujeito surdo, assim como qualquer pessoa ouvinte que já tenha dominando seu idioma nativo e se proponha a aprender uma segunda língua (inglês, espanhol, francês, etc.).

Português como segunda língua (L2) para os sujeitos surdos?

Por que o português não é considerada a língua natural do sujeito surdo? Apesar de ser a única língua oficial do nosso país, o português não é uma língua natural adquirida sem barreiras pelo sujeito surdo, isto é, que é desenvolvida naturalmente por meio do contato com os indivíduos que a utilizam. Nesse contexto, existem algumas diferenças educacionais para a aquisição da L1 (Libras) e do aprendizado da L2 (português) pelo sujeito surdo. Vejamos no Quadro 1, quais são as mais relevantes.

Quadro 1. Diferenças entre aquisição de L1 e aprendizado de L2 (perspectiva surda).

L1 (língua de sinais)	L2 (língua oral)
■ Aquisição de uma língua de modalidade visuoespacial. A L1 do surdo brasileiro é a língua brasileira de sinais (Libras), que é adquirida espontaneamente e de forma natural por meio do contato com outros nativos na língua (professores surdos, colegas surdos, amigos surdos, etc.). Sua aquisição é essencial para que o sujeito surdo tenha a oportunidade de vivenciar experiências visuais de aprendizado empírico na própria língua (surdo com surdo).	■ Aprendizado de uma língua de modalidade oral-auditiva. Trata-se de um aprendizado formal que ocorre em um ambiente artificial (sala de aula), exigindo o uso de metodologias de aprendizado; visto que a língua e aprendida e não adquirida naturalmente como a L1 (Libras). A L2 do surdo brasileiro é a língua portuguesa, que só é obrigatória na modalidade escrita para o sujeito surdo conforme Lei nº. 10.436, de 24 de abril de 2002. Já o aprendizado na modalidade oral, por meio de "terapia da fala", é opcional ao sujeito surdo.

(Continua)

(Continuação)

Quadro 1. Diferenças entre aquisição de L1 e aprendizado de L2 (perspectiva surda).

L1 (língua de sinais)	L2 (língua oral)
■ Envolve a aquisição e o desenvolvimento de linguagem com foco no contato entre seus pares surdos e no contexto do modelo educacional que se baseia nas experiências visuais: uso de imagens, figuras, fotos, aplicativos, dicionários de Libras, filmes, videoaulas em língua de sinais e o ensino em sala de aula inteiramente em língua de sinais.	■ É caracterizada por um aprendizado focado principalmente no ensino sinal/palavra, em que o aluno é ensinado em sua língua natural, e por meio dela se cria uma ponte para aprender o português escrito, que é um processo conhecido como estágio interlíngua para aprender uma L2.

Nesse contexto, a língua majoritária (português) é considerada somente na modalidade escrita e é considerada a segunda língua para o sujeito surdo, já que a sua primeira língua será sempre a língua de sinais. O desafio atual é conseguir que o ensino de surdos pelo mundo seja ministrado em língua de sinais, só que isso ainda parece um sonho distante, pois, segundo a *Nyle Dimarco Foundation*, uma fundação sem fins lucrativos que tem como objetivo tornar o mundo um lugar melhor para todos os surdos e suas famílias, pouco mais de 2% da população surda no mundo tem acesso à educação em língua de sinais. No caso do Brasil, existem poucas escolas de surdos e uma infinidade de escolas regulares, o que faz com que o governo crie forte pressão para que os alunos surdos se integrem ao ensino regular. Contudo, o receio da comunidade é que o ensino na escola regular seja em português falado, e não em língua de sinais, o que não propicia uma vivência baseada nas experiências e trocas visuais para o aluno surdo.

Outro desafio diz respeito ao aprendizado da segunda língua pelo sujeito surdo brasileiro, que, no caso, é a língua portuguesa. Quando falamos de propostas educacionais e de ensino de escrita para sujeitos surdos, Capovilla e Capovilla (2004, p. 44) têm a seguinte opinião:

> A filosofia educacional do bilinguismo só será plena quando adotar uma escrita visual direta de sinais e testar sua eficácia em elevar a escolarização e a proficiência de leitura da criança surda para além do patamar histórico da terceira série do ensino fundamental.

Para o autor, a escrita de sinais pode auxiliar no aprendizado do português escrito e na leitura da criança surda, a qual, segundo ele, dificilmente ultrapassa o patamar da terceira série do ensino fundamental. Hoje, a escrita de sinais ainda é pouco visada pelas escolas de surdos, sendo pouco ensinada ou completamente ignorada. Quanto ao conhecimento de português escrito, ele geralmente é fragmentado, assim como acontece frequentemente quando aprendemos uma língua estrangeira no ensino regular, em que o aprendizado é partido em várias etapas de ensino, em vez de ser contextualizado por meio da prática de uso. O propósito principal do ensino de português escrito para alunos surdos deve ser a formação de leitores e escritores competentes, independentemente de o sujeito surdo saber oralizar ou não. Entretanto, o que se percebe na prática é o ensino fragmentado, em que impera o método de palavra/sinal e de frases simples, sem exercitar no aluno surdo a capacidade de aprimorar a compreensão para o nível de textos e discursos mais elaborados.

O aluno surdo sempre terá uma aprendizagem visual e não auditiva, isto é, para que a criança surda possa compreender as diversas situações comunicacionais do dia a dia, ela se utiliza da habilidade de interpretação visual, por meio de imagens, figuras, expressões faciais e corporais, entre outros recursos. No caso do ensino do português como segunda língua para o sujeito surdo, o recomendável é QUE o aprendizado dessa L2 utilize a L1 (Libras) como base ou ponte para desenvolvê-la, visto que o surdo aprende e vivencia o mundo por meio de experiências visuais e não tem como ignorar esse fato, inclusive, quando do ensino da leitura e escrita do português, que é caracterizado por um aprendizado oral-auditivo.

As formas distintas de aquisição da linguagem pela criança surda

As crianças ouvintes desde o nascimento recebem informações e interagem em sua língua natural (língua oral) com familiares e outras pessoas próximas a elas. Quando se trata de uma criança surda, filha de pais ouvintes, as interações são limitadas a pouquíssimos gestos naturais, prevalecendo a língua oral. Isso provoca na criança limitações no desenvolvimento da linguagem, assim como gera o quadro de privação linguística, que pode fazer a criança desenvolver problemas emocionais, dificuldades de interação com outras pessoas, depressão, pânico social, entre outros sintomas.

Quando falamos de pais surdos que têm filhos igualmente surdos, a história é diferente, visto que, desde o nascimento, a criança terá contato com a língua de sinais, assim como acontece com as crianças ouvintes. Nesse exemplo, a criança surda desenvolve a aquisição de linguagem de sua L1 (Libras) de forma natural no mesmo tempo que uma criança ouvinte, isto é, o sistema de aquisição de uma língua de sinais é semelhante ao sistema de aquisição de uma língua oral. O que diferencia as duas formas de aquisição das crianças é que, enquanto a criança ouvinte irá desenvolver sua L1 na modalidade oral-auditiva (produção oralizada e recepção auditiva), a criança surda irá desenvolver sua L1 na modalidade gesto-visual (produção gestual ou espacial e recepção visual), passando pelos estágios: pré-linguístico, estágio de um sinal, estágio das primeiras combinações, estágio das múltiplas combinações e estágio de aquisição e desenvolvimento de linguagem.

Como mencionado anteriormente, a grande problemática está nas famílias de ouvintes que têm filhos surdos e que representam mais de 90% do modelo familiar em todo o mundo. Essas famílias, geralmente, são pegas de surpresa, pois não possuem conhecimento sobre a cultura e a identidade surda e nem como as experiências visuais podem ajudar na comunicação com a criança surda (Figura 7).

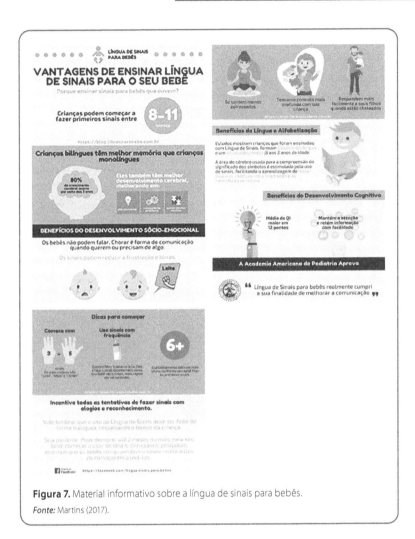

Figura 7. Material informativo sobre a língua de sinais para bebês.
Fonte: Martins (2017).

A criança surda tem o direito de vivenciar experiências visuais que favoreçam a construção de sua identidade como sujeito surdo. Além disso, é vital que, ao nascer em uma família de ouvintes, a criança surda tenha o contato por meio da língua de sinais (L1) o mais cedo possível, evitando o quadro de privação linguística e favorecendo a aquisição e o desenvolvimento da linguagem dentro do tempo esperado. Por último, visando favorecer a proposta de pedagogia surda, baseada no desenvolvimento do sujeito por meio das suas diferenças (como "ser surdo"), é que a criança surda tem o direito e deve ser ensinada em sua língua natural.

Contudo, conforme apresentado neste capítulo, a situação ideal no que tange ao processo de aquisição e desenvolvimento da linguagem na criança surda e no que se refere às propostas educacionais para essas crianças ainda não foram plenamente alcançadas.

Link

Para saber mais, leia o artigo *Língua Brasileira de Sinais – Libras como L1 para estudantes surdos nos anos iniciais do ensino fundamental*, escrito por Jussara Linhares Granemann pela Revista Revelli – Revista de Educação, Linguagem e Literatura, v. 9, nº 2 (2017), disponível no link a seguir.

https://goo.gl/14YxW5

Exercícios

1. Ao analisar o processo de aquisição de linguagem, nota-se que esse processo é natural. Os ouvintes aprendem a falar ouvindo e observando seus pares (pais, irmãos, amigos, etc.). Partindo desse pressuposto, marque a alternativa que corresponde ao processo de aquisição da Libras (L1) para a criança surda.
   a) Crianças surdas não adquirem a L1.
   b) A aquisição da Libras por crianças surdas só acontece quando seus pais também são surdos.
   c) A aquisição da L1 acontece naturalmente para a criança surda quando ela passa a ter contato com mais crianças surdas e com professores surdos ou bilíngues, que é quando ela começa a ampliar seu vocabulário, de acordo com as suas vivências e experiências visuais.
   d) Somente no ensino regular, ou seja, na escola de inclusão, a criança surda aprende e desenvolve a L1, Libras.
   e) Para que a criança adquira a L1, primeiramente, ela tem de saber português, para, posteriormente, adquirir a Libras.

2. De acordo com o que você estudou até agora sobre a educação de pessoas surdas, marque a alternativa que

corresponde ao objetivo do ensino da L2 (português) para pessoas surdas.

a) O objetivo é focado somente na leitura e na escrita da língua portuguesa.

b) Tem foco na escrita e na leitura, mas o objetivo principal é trabalhar a oralidade no sujeito surdo.

c) Tem como meta desenvolver a aptidão de leitura e escrita no sujeito surdo igual ao nível de um sujeito ouvinte.

d) Tem como objetivo estimular somente a escrita da língua portuguesa ao nível de um sujeito ouvinte.

e) É trabalhar no sujeito surdo a capacidade de fazer leitura labial, assim como a capacidade de ler e escrever.

3. No que se refere a vivenciar experiências visuais, podemos dizer que, para o sujeito surdo, isso significa:

a) ter acesso à programação da TV aberta ou fechada com o recurso de *closed caption*.

b) poder contar com o intérprete de Libras, em uma escola regular, para fazer a ponte comunicacional usando a L1 (Libras).

c) contar com o recurso da legenda em todos os vídeos disponíveis no Youtube.

d) ter à sua disposição o recurso de acessibilidade para pessoas com deficiência auditiva ao acessar um site na internet.

e) contar com recursos não somente visuais, mas que também estejam enraizados em uma cultura surda, como, por exemplo: teatro surdo, *webtv* inteiramente em Libras, etc.

4. Considerando a Libras como língua natural e o português como segunda língua, é possível dizer que:

a) tanto a Libras quanto o português são considerados aquisições de linguagem pelo sujeito surdo.

b) a Libras é considerada um aprendizado de língua natural pelo sujeito surdo, enquanto o português é visto como uma aquisição de linguagem, que serve como ponte para o aprendizado natural da Libras.

c) somente a Libras é considerada como o meio legítimo de comunicação e expressão da comunidade surda e, por isso, foi oficializada como o segundo idioma do Brasil.

d) o português como segunda língua é caracterizado como uma forma de aprendizado, enquanto a Libras, como primeira língua, é considerada uma aquisição natural.

e) a Libras é considerada um aprendizado de língua natural pelo sujeito surdo, enquanto o português é visto como uma aquisição de linguagem que usa a Libras como ponte, para a aquisição e o desenvolvimento da segunda língua.

5. Sobre o processo de aquisição e desenvolvimento de linguagem por crianças surdas, o que é possível afirmar?

a) Desde que sejam apresentadas à língua de sinais desde o nascimento, crianças surdas ou até mesmo ouvintes podem começar a fazer os primeiros sinais com menos de dois meses de vida.

b) Crianças que são ensinadas desde cedo a se comunicar por meio de língua de sinais tendem a apresentar melhor desenvolvimento socioemocional, assim como têm um vocabulário maior com dois anos de idade se comparadas às crianças monolíngues.

c) A língua de sinais, ao ser apresentada à criança desde cedo, faz com que a memória de crianças monolíngues seja superior à de crianças bilíngues, contribuindo para a maior capacidade de resolução de problemas e para uma maior aptidão de planejamento.

d) Crianças choram porque não sabem língua de sinais, e, se aprendessem desde cedo a se comunicar por meio de gestos e de sinais, elas não chorariam mais, pois teriam como se comunicar com os pais muito antes de aprenderem a falar.

e) O processo de aquisição e desenvolvimento da linguagem por crianças surdas só é completo quando a aquisição da L2 (português) é colocada em prática.

Referências

BRASIL, Lei nº. 13.146, de 6 de julho de 2015. Institui a Lei Brasileira de Inclusão da Pessoa com Deficiência (Estatuto da Pessoa com Deficiência). *Casa Civil - Presidência da República*. Disponível em: <http://www.planalto.gov.br/ccivil_03/_ato2015-2018/2015/lei/l13146.htm>. Acesso em: 9 maio 2018.

CAPOVILLA, F. C.; CAPOVILLA, A. G. S. O desafio da descontinuidade entre a língua de sinais e a escrita alfabética na educação bilíngue do surdo congênito. In: RODRIGUES, C.; TOMITCH, L. B. *Linguagem e cérebro humano*: contribuições multidisciplinares. Porto Alegre: Artmed, 2004.

FILMES QUE VOAM. [s.l.], 22 mar. 2017. Disponível em: <http://www.filmesquevoam.com.br/5063-2/>. Acesso em: 9 maio 2018.

HINO NACIONAL BRASILEIRO EM LIBRAS. TV INES, [s.l.], 2015. Disponível em: <http://tvines.ines.gov.br/?p=11192>. Acesso em: 9 maio 2018.

MARTINS, F. 08 Canais de Educação em Libras Gatuito. *Surdo para Surdo*, [s.l.], 6 abr. 2018. Disponível em: <https://blog.surdoparasurdo.com.br/08-canais-de-educa%C3%A7%C3%A3o-em-libras-gatuito-ea475be1a9e0>. Acesso em: 9 maio 2018.

MARTINS, F. Infográfico — língua de sinais para bebês. *Língua de Sinais para Bebês*, [s.l.], 3 jan. 2017. Disponível em: <https://blog.librasparabebe.com.br/infogr%C3%A1fico--l%C3%ADngua-de-sinais-para-beb%C3%AAs-81738bca6435>. Acesso em: 9 maio 2018.

PINGO, A. Enem: veja como será a prova traduzida em Libras para os surdos. *Pingou Notícias*, Nossa Senhora da Glória, 17 maio 2017. Disponível em: <http://pingounoticias. com.br/enem-veja-como-sera-a-prova-traduzida-em-libras-para-os-surdos/>. Acesso em: 9 maio 2018.

SOARES, N. Teatro em Libras: a arte como ponte entre os mundos surdo e ouvinte. *Centro de Referências em Educação Integral*, [s.l.], 30 jan. 2018. Disponível em: <http:// educacaointegral.org.br/experiencias/teatro-em-libras-arte-como-ponte-entre-os--mundos-surdo-e-ouvinte/>. Acesso em: 9 maio 2018.

TV INES. *Acessível sempre*, Brasília, 2018. Disponível em: <http://tvines.ines.gov.br/>. Acesso em: 9 maio 2018.

Leituras recomendadas

BLOG SURDO PARA SURDO. *Ensine e aprenda de "Surdo para Surdo" através da plataforma de tutoria online para a Comunidade Surda*, [s.l.], [201-?]. Disponível em: <https://blog. surdoparasurdo.com.br/>. Acesso em: 9 maio 2018.

BRASIL, Lei nº. 10.098, de 19 de dezembro de 2000. Estabelece normas gerais e critérios básicos para a promoção da acessibilidade das pessoas com deficiência ou com mobilidade reduzida, e dá outras providências. *Casa Civil - Presidência da República*. Disponível em: <http://www.planalto.gov.br/ccivil_03/Leis/L10098.htm>. Acesso em: 9 maio 2018.

BRASIL. Ministério da Educação. Decreto nº. 5.626, de 22 de dezembro de 2005. Regulamenta a Lei nº. 10.436, de 24 de abril de 2002, que dispõe sobre a Língua Brasileira de Sinais - Libras, e o art. 18 da Lei nº. 10.098, de 19 de dezembro de 2000. *Casa Civil - Presidência da República*. Disponível em: <http://www.planalto.gov.br/ccivil_03/_ato2004-2006/2005/decreto/d5626.htm>. Acesso em: 9 maio 2018.

BRASIL. Ministério da Educação. Lei nº. 10.436, de 24 de abril de 2002. Dispõe sobre a Língua Brasileira de Sinais – LIBRAS e dá outras providências. *Casa Civil - Presidência da República*. Disponível em: <http://www.planalto.gov.br/ccivil_03/Leis/2002/L10436. htm>. Acesso em: 9 maio 2018.

Aquisição e desenvolvimento da linguagem para crianças surdas

Objetivos de aprendizagem

Ao final deste texto, você deve apresentar os seguintes aprendizados:

- Distinguir os estágios de aquisição e desenvolvimento da linguagem por crianças surdas, usuárias de língua de sinais, em relação ao processo de aquisição da linguagem por crianças ouvintes, usuárias de língua oral.
- Diferenciar os estágios de aquisição e desenvolvimento da linguagem por crianças surdas, usuárias de língua de sinais, em relação ao processo de aquisição da linguagem por crianças ouvintes, usuárias de língua oral.
- Identificar as principais problemáticas no ensino e aprendizado do português como L2 (segunda língua) para crianças surdas.

Introdução

A aquisição e o desenvolvimento da linguagem, em sua grande maioria, ocorre por meio de um processo de forma natural. Por volta dos cinco anos de idade, quase toda a complexidade de uma língua (oral-auditiva) já está totalmente adquirida por uma criança ouvinte. Porém, ao nos referirmos às crianças surdas, o processo nem sempre acontece de forma natural (no tempo esperado), e, sim, de forma tardia quando comparado com crianças ouvintes.

Neste capítulo, você conhecerá como ocorre a aquisição e o desenvolvimento da linguagem por crianças surdas usuárias da língua de sinais, vendo um breve contraste com o processo de aquisição da linguagem por crianças ouvintes usuárias da língua oral a partir das semelhanças e das diferenças no processo de aquisição decorrente da diferença na modalidade linguística. Além disso, verá a importância de a criança surda ter acesso à língua de sinais precocemente (no período crítico ou sensível) e dos desafios quanto ao ensino do português como segunda língua (L2).

O desenvolvimento da linguagem por crianças surdas e por crianças ouvintes: as relações entre o behaviorismo e o conexionismo

O behaviorismo trabalha o conceito de tabula rasa, ou seja, a criança irá desenvolver ou aprender uma língua somente se uma pessoa lhe ensinar. Com base nessa premissa, os teóricos do behaviorismo, como Watson, Pavlov e Skinner, apoiam o conceito de comportamento, o qual pode ser condicionado por meio do aprendizado.

Para o behaviorismo, o que irá fazer com que a criança aprenda uma língua é o processo de condicionamento propiciado pelo ambiente externo, por meio da imitação de sons ou palavras e reforço positivo ou negativo quanto aos exemplos que estão sendo imitados, até chegar ao ponto de transformarem a repetição e a imitação de sons em um hábito linguístico.

Esse condicionamento, primeiramente, inicia-se com o estímulo e a resposta e, geralmente, é proporcionado pelos pais ou familiares próximos, mas é reforçado pela sociedade conforme a criança vai se desenvolvendo. Além disso, é importante ressaltar que o aprendizado por condicionamento, na teoria behaviorista, pode ser praticado sozinho, ou seja, o aprendiz pode conversar consigo mesmo e moldar seu comportamento de falante ou sinalizante, no caso da língua de sinais (Libras), por meio de treinamento mental.

Os conexionistas, como Jean Piaget e Edward Lee Thorndike, acreditam que não exista uma parte inata no cérebro do indivíduo que seja responsável por ativar o aprendizado de linguagem, mas exatamente o contrário: o *input* externo é o responsável pelo estímulo interno que criará saberes de domínio específico.

Essa definição vai totalmente contra a teoria gerativista, a qual defende que o aprendizado e o processo de aquisição de linguagem se iniciam em virtude da existência de uma parte inata no cérebro, que, se estimulada por fatores externos, propiciaria o *input* para a aquisição de linguagem.

No conexionismo, os domínios cognitivos que cada pessoa tem em seu cérebro são utilizados coletivamente para diferentes processos de aprendizados, inclusive linguísticos. Com base nessa afirmação, a aprendizagem de linguagem aconteceria por meio da interação com variáveis internas e externas, estimulando a criação de um domínio específico, mas compartilhado, o qual seria destinado ao aprimoramento da língua, igualmente como acontece com outras habilidades cognitivas do ser humano.

Exemplo

Na Índia, onde os casos de meninas-lobas foram relativamente numerosos, descobriu-se, em 1920, duas crianças, Amala e Kamala, vivendo no meio de uma família de lobos. A primeira tinha um ano e meio e veio a morrer um ano mais tarde. Kamala, de oito anos de idade, viveu até 1929. Não tinham nada de humano e seu comportamento era extremamente semelhante àquele de seus irmãos lobos.

As crianças caminhavam em quatro patas, apoiando-se sobre os joelhos e cotovelos para os pequenos trajetos e sobre as mãos e os pés para os trajetos longos e rápidos.

As meninas eram incapazes de permanecer de pé. Só se alimentavam de carne crua ou podre, comiam e bebiam como os animais, lançando a cabeça para a frente e lambendo os líquidos. Na instituição onde foram recolhidas, passavam o dia acabrunhadas e prostradas em uma sombra; eram ativas e ruidosas durante a noite, procurando fugir e uivando como lobos. Nunca choraram ou riram.

Kamala viveu durante oito anos na instituição que a acolheu, humanizando-se lentamente. Ela necessitou de seis anos para aprender a andar e, pouco antes de morrer, tinha um vocabulário de aproximadamente 50 palavras. Atitudes afetivas foram aparecendo aos poucos.

Ela chorou pela primeira vez por ocasião da morte de Amala e se apegou aos poucos às pessoas que cuidaram dela e às outras crianças com as quais conviveu. A sua inteligência permitiu-lhe comunicar-se com outros por gestos, inicialmente, e depois por palavras de um vocabulário rudimentar, aprendendo a executar ordens simples.

O relato desse fato verídico nos leva à discussão a respeito das diferenças entre o ser humano e o animal. As crianças encontradas na Índia não tiveram a oportunidade de se humanizar enquanto viveram com os lobos, permanecendo, portanto, "animais".

Não possuíam nenhuma das características humanas: não choravam, não riam e, sobretudo, não falavam.

O processo de humanização só foi iniciado quando elas começaram a participar do convívio humano e foram introduzidas no mundo do símbolo por meio da aprendizagem da linguagem.

Um fato semelhante ocorreu nos Estados Unidos com uma menina chamada Helen Keller, que nasceu cega e surda. Era com um animal até a idade de sete anos, quando seu pais contrataram a professora Anne Sullivan, que, a partir do sentido do tato, conseguiu conduzi-la ao mundo humano das significações.

Filme: O Milagre de Anne Sullivan.
Gênero: Drama.
Origem/Ano: Estados Unidos, 1962.
Duração: 106 minutos.
Sinopse: A incansável tarefa de Anne Sullivan (Anne Bancroft), uma professora, ao tentar fazer com que Helen Keller (Patty Duke), uma garota cega e surda, se adapte e entenda (pelo menos em parte) as coisas que a cercam. Para isso, entra em confronto com os pais da menina, que sempre sentiram pena da filha e a mimaram, sem nunca terem lhe ensinado algo nem lhe tratado como qualquer criança.

A contribuição das teorias do behaviorismo, do gerativismo e do conexionismo para a aprendizagem

O behaviorismo é uma teoria que alguns consideram ter sido criada por John B. Watson. Essa teoria defende um aprendizado passivo por meio do condicionamento por estímulo externo (repetição e imitação) e afirma que, principalmente, a interação com adultos possibilita a aquisição de linguagem pelo ensino de reforço positivo (quando a fala está correta) e negativo (quando produz erros na fala).

Já o gerativismo, que é uma teoria criada por Noam Chomsky, acredita que tanto o estímulo externo quanto o estímulo interno são importantes para a aquisição da linguagem. A teoria de aprendizagem gerativa acredita que existam princípios geneticamente determinados (ideias inatas e já localizadas em alguma parte do cérebro), que, por meio do *input* externo, possibilitam que criança acesse esse domínio e crie ou desenvolva a gramática universal, o que lhe possibilitará compreender e produzir sentenças nunca ouvidas/vistas antes; ou seja, é o uso criativo da linguagem auxiliando em sua aquisição, e, de preferência, dentro do período crítico.

Enquanto isso, o conexionismo é uma teoria que une as pesquisas e os saberes gerados por diversos autores. Inicialmente, temos a teoria cognitiva, que foi desenvolvida por Jean Piaget para explicar o desenvolvimento cognitivo do ser humano. Além disso, a teoria conexionista tem forte ligação principalmente com o pensador Edward Lee Thorndike, que é considerado um dos pioneiros da psicologia. Essa teoria avalia o processo de aprendizagem como um grande modelo de processamento cerebral de dados em informações. Assim como no gerativismo, é necessário o estímulo externo para que o cérebro se molde, possibilitando a aquisição de linguagem; porém, enquanto o gerativismo defende um departamento já existente para o desenvolvimento de linguagem, o conexionismo afirma que o aprendizado só ocorre devido ao estímulo recebido pela pessoa, criando, então, um departamento linguístico em interação com outras competências e habilidades cognitivas.

Saiba mais

Saiba mais sobre o impacto do reforço negativo no processo de aquisição e desenvolvimento de linguagem de uma pessoa, assistindo ao filme *Nell*.

Filme: Nell.
Gênero: Drama.
Origem/Ano: Estados Unidos, 1994.
Duração: 113 minutos.
Sinopse: um médico encontra uma jovem em uma casa na floresta isolada da cidade. Ele constata que ela se expressa por meio do um dialeto próprio, o que evidencia que, até aquele momento, Nell não havia tido contato com outras pessoas. Encantado com a descoberta, ele vai ajudá-la a se inserir na sociedade.

A teoria gerativa critica o fato de a teoria behaviorista acreditar que a criança aprende por repetição ou imitação, sendo uma tabula rasa. Os gerativistas afirmam que a aquisição de linguagem não tem a ver com a instrução ou com a correção da fala ou da escrita da criança, apesar de a experiência e a interação serem importantes para a aquisição da criança. Isso significa que, nesse caso, o papel específico da instrução não é relevante no contexto da aquisição, pois, mesmo sem nenhuma instrução negativa (correção), a criança ainda é capaz de passar pelos estágios de aquisição, em maior ou menor tempo, dependendo de cada caso, fazendo uso apenas do reforço positivo.

Nesse modelo, quando a criança atinge determinado nível de fluência, consegue facilmente identificar, por meio da gramática universal, alguma estrutura ou sentença não aceitável. Nesse caso, para a criança, parecerá estranha a seguinte construção: entelefone.

Segundo as anotações realizadas nos cadernos do Curso de Linguística Geral (CLG) de Albert Riedlinger, Charles Patois (1908-1909) e Emile Constantin (1910-1911), ministrado em Genebra, na Suíça, Ferdinand de Saussure estabeleceu comparações pontuais entre a língua e o jogo de xadrez. Em sua metáfora do "jogo de xadrez", o importante não são as peças, mas entender o sistema (o jogo) e suas regras (o que ele considera como "forma"). Nesse contexto, ao atingir o nível de fluência de uma língua, torna-se fácil para a criança identificar uma construção agramatical (palavra ou frase que não segue as regras gramaticais de uma determinada língua). Contudo, se a criança ainda não tiver alcançado o nível de fluência que lhe permita perceber sentenças estranhas, como no exemplo anterior, mesmo após ser corrigida, ela não perceberá o erro. Vejamos o exemplo a seguir:

Criança: — Eu fazi o bolo.
Pai: — Você quer dizer "eu FIZ o bolo".
Criança: — Não pai, EU fazi o bolo e não você.

Nesse diálogo, mesmo existindo a *feedback* negativo, apontando o seu erro, a criança continua insistindo na sua construção de frase, oriunda de uma gramática universal que está em formação, demonstrando que o aprendizado por repetição e imitação não apresentam papel relevante no processo de aquisição de linguagem, já que a criança se nega a replicar a fala do pai, mantendo sua ideia de estrutura gramatical correta.

Saiba mais

Até agora, vimos as principais teorias sobre aquisição de linguagem considerando seus posicionamentos e ideias. Contudo, na prática, a situação é bem diferente e, devido a isso, é importante lembrar que o processo de aquisição, além de ter teorias distintas, também tem variáveis reais que precisam ser analisadas, controladas e superadas, como, por exemplo:
- início do processo de aquisição no tempo esperado (início precoce);
- início do processo de aquisição de forma tardia (privação linguística);
- desenvolvimento no tempo esperado:
    - início precoce x problemas de aprendizado identificados na criança surda;
    - início tardio x estratégias para recuperar a criança surda quanto à aquisição de linguagem e convívio social;
- estratégias pedagógicas para ensinar língua de sinais como língua materna (L1) para crianças surdas e português escrito como L2.

A aquisição e o desenvolvimento da linguagem da criança surda: da importância do acesso à língua de sinais precocemente

O processo de aquisição da linguagem de uma criança surda comparado com o processo de aquisição de uma criança ouvinte não tem grandes diferenças, visto que ambas passam por estágios semelhantes de desenvolvimento até se tornarem fluentes em suas respectivas línguas maternas. Segundo Quadros e Cruz (2011, p. 15), "embora a linguagem envolva processos complexos, a criança "sai falando" ou "sai sinalizando" quando está diante de oportunidades de usar a língua (ou as línguas) [...]", acionando a sua capacidade para a linguagem mediante o contato com a língua usada no ambiente.

Ainda, conforme Quadros e Cruz (2011, p. 25), "a grande maioria das crianças surdas é filha de pais ouvintes que normalmente não conhecem a língua de sinais e, muitas vezes, nunca viram um surdo".

Nesse contexto, o que torna desigual o desenvolvimento da aquisição de linguagem de uma criança surda é o fato de que mais de 90% dos surdos nasceram em famílias com pais ouvintes. De acordo com Quadros e Cruz (2011, p. 25), "essas crianças, quando ingressam na clínica ou na escola, descobrem a língua de sinais e a partir daí iniciam o seu processo de aquisição da linguagem, embora tardio". Além disso, existe também o fato de que a grande maioria do conteúdo produzido e divulgado nas mídias não possui acessibilidade. Portanto, é uma disputa desigual. Enquanto as crianças ouvintes são bombardeadas desde bebês por sons, as crianças surdas, em sua maioria, só começam a ter contato com a língua de sinais após os quatro ou cinco anos de idade; isso, se não for um caso mais severo de privação linguística.

Nesse ponto, é importantíssimo conhecer os estágios de aquisição e desenvolvimento da linguagem para crianças surdas, usuárias de língua de sinais, para que você possa classificar seu nível de conhecimento da Libras. Com crianças surdas que ainda não conhecem a língua de sinais, é preciso, o quanto antes, construir estratégias pedagógicas para recuperá-las da exposição tardia à língua de sinais.

Os estágios de aquisição e desenvolvimento da linguagem para crianças surdas são definidos como: pré-linguístico, estágio de um sinal, estágio das primeiras combinações, estágio de múltiplas combinações e domínio ou aquisição da linguagem pela criança surda.

Primeiramente, temos o **período pré-linguístico**, no qual, conforme Quadros e Cruz (2011, p. 18), "o balbucio é um fenômeno que ocorre em todos os bebês, independentemente de serem surdos ou não". Isso significa que, no início da aquisição linguística, os bebês surdos e ouvintes fazem o balbucio tanto oral quanto manual. Depois, chega-se a um determinado ponto em que cada bebê segue para uma determinada modalidade: oral-auditiva ou visuoespacial.

Após esse primeiro período, temos o **estágio de um sinal**. De acordo com Quadros e Cruz (2011), o estágio de um sinal começa perto do primeiro ano de vida na criança surda e finaliza quando ela está perto de completar os dois anos de idade. Nessa etapa, a criança utiliza muito a estratégia do apontamento, do olhar e do tocar as coisas. Além disso, é a fase em que a criança produz um sinal com uma significação mais abrangente. Por exemplo, fazer o sinal de brinquedo, que representaria o mesmo que: "eu quero o brinquedo".

Em seguida, vem o **estágio das primeiras combinações de sinais**, que, segundo Quadros e Cruz (2011, p. 19), acontece perto dos dois anos de idade em crianças surdas. Segundo as autoras, "elas começam a combinar dois sinais, observando as restrições que se aplicam ao padrão do adulto". No caso das crianças surdas, adquirindo a língua de sinais, elas já privilegiam a ordenação participante-verbo ou verbo-objeto. Elas sinalizam, por exemplo, "eu querer" ou "querer água" (QUADROS; CRUZ, 2011, p. 20).

Próximo aos três anos de idade, começa o **estágio de múltiplas combinações**, no qual a criança inicia a produção de vários sinais combinados. Nessa fase, a criança já possui capacidade de falar sobre o que faz ou o que gostaria de fazer. Ela consegue expor sobre o que acontece ao seu redor (o que as pessoas estão fazendo ou onde ela está).

Por último, temos o **estágio de domínio ou aquisição da linguagem** pela criança surda, que varia de criança para criança devido à capacidade de aprendizado de cada um e do nível de *input* linguístico oferecido. Contudo, perto dos cinco ou seis anos de idade, a criança surda praticamente já domina o sistema que contempla a língua de sinais. Segundo Quadros e Cruz (2011), por volta dos cinco anos e seis meses até os seis anos e seis meses, a criança conta histórias complicadas sobre fatos acontecidos no passado ou que podem acontecer. Mesmo uma pessoa estranha pode entendê-la facilmente. A criança pode dizer muito sobre como diferentes coisas se relacionam, como algo pode gerar algum acontecimento e como algumas coisas precisam esperar por outras. A criança usa a linguagem para descobrir o que está acontecendo, quem está fazendo o quê, qual é o estado das coisas, o que as pessoas estão fazendo e o porquê. Ela pode manter uma longa conversa ou interrompê-la e falar bastante sobre sua experiência relacionada ao que a pessoa está dizendo durante a conversa. A concordância verbal é usada de forma consistente pelas crianças adquirindo a língua brasileira de sinais. O uso de participantes e objetos nulos torna-se comum nesse período. Também são observados alguns exemplos com verbos, da classe dos verbos; com concordância, com participantes pronunciados. Isso se constata quando as crianças querem tornar mais clara a identificação do referente estabelecido em um ponto no espaço, assim como ocorre na linguagem adulta.

Conforme o que foi exposto antes, a criança começa a dominar o sistema que rege a língua de sinais no estágio de múltiplas combinações. Ao chegar próximo à idade dos seis anos, o estágio de domínio ou aquisição da linguagem pela criança surda estará quase completo se a criança tiver iniciado sua aquisição e desenvolvimento de linguagem no tempo esperado (ao nascer). Nessa etapa, ela já terá dominado as regras do sistema linguístico visuoespacial, necessitando apenas agregar vocabulário e lapidar pequenos conceitos ainda não dominados sobre a língua de sinais.

Saiba mais

Além de conhecer os estágios no processo de aquisição e desenvolvimento da linguagem para crianças surdas e reconhecer a importância de a criança surda ter acesso à língua de sinais precocemente, também é essencial saber como proceder nos casos em que a exposição à língua de sinais for tardia.

Para que as crianças surdas venham a adquirir a língua de sinais como primeira língua, é necessário que elas sejam expostas a usuários competentes dessa língua, ou seja, adultos surdos fluentes, que vão responder tanto pela exposição quanto pelo ensino da gramática para as crianças e seus pais, que, em 95% dos casos, são ouvintes (GUARINELLO, 2007).

Segundo Chaves e Rosa (2014, p. 4), "embora a criança surda esteja segura com a língua de sinais como sua primeira língua, ao ingressar na escola regular, ela começa a ser alfabetizada em português". Por isso, a língua de sinais não pode ser ignorada!

Isso nos leva à seguinte questão: Quais são as problemáticas no ensino e aprendizado do português como L2 para crianças surdas?

Para Chaves e Rosa (2014, p. 4), "frequentemente, a criança surda, em seu processo de ensino-aprendizagem da segunda língua, encontrará algumas dificuldades, visto que essa segunda língua não possui as mesmas estruturas da língua de sinais".

Quadros (1997) pondera que:

> O bilinguismo é uma proposta de ensino usada por escolas que se propõem a tornar acessível à criança surda duas línguas no contexto escolar. Os estudos têm apontado para essa proposta como sendo a mais adequada para o ensino de crianças surdas, tendo em vista que considera a língua de sinais como língua natural e parte desse pressuposto para o ensino da língua escrita. (QUADROS, 1997, p.27).

> Na opinião de Chaves e Rosa (2014, p. 6):

>> [...] enunciados curtos, vocabulário reduzido, ausência de artigos, de preposições, de concordância nominal e verbal, uso reduzido de diferentes tempos verbais, ausência de conectivos (conjunções, pronomes relativos e outros), falta de afixos e verbos de ligação, além de uma suposta colocação aleatória de constituintes na oração. [...] devido ao fato de os surdos se encontrarem em estágios do processo de ensino-aprendizagem de uma segunda língua, no caso o português, e porque "a língua que o surdo tem como legítima e usa não é a mesma que serve como base ao sistema escrito, por ser um sistema visuo-manual, portanto muito diferente do oral-auditivo.

> Com base em Fernandes (1998 apud Chaves e Rosa, 2014, p. 6): "[...] o aprendizado da escrita pelo surdo é dificultado devido às metodologias de ensino apresentarem como ponto de partida a escrita associada ao grafema-fonema e, muitas vezes, ser instruída de forma descontextualizada e mecânica". Essa concepção, de acordo com o autor, torna-se difícil à criação de uma proposta mais efetiva para o ensino da língua portuguesa escrita, deixando o surdo restrito ao pouco que se possa ampliar em relação à sua grande potencialidade para a escrita.
> Chaves e Rosa (2014, p. 6) ponderam que "A metodologia de ensino da língua portuguesa escrita para os surdos, na maioria das vezes, é ineficaz, pois está aliada à falta de preparo dos professores com a língua de sinais".
> Essas são algumas opiniões de autores expondo a problemática vivenciada por grande parte das crianças surdas e pelos educadores que possuem o desafio de ensiná-las.

A privação linguística e as problemáticas no ensino e aprendizado do português como L2 para crianças surdas

A privação linguística é um fenômeno horrível para o ser humano e dificulta muito o trabalho do educador na tentativa de humanizar a criança e reverter ou minimizar os impactos ocasionados da privação da língua.

Mesmo que a criança tenha contato como o português escrito desde cedo, ainda assim, pode-se caracterizar como caso de privação linguística se a língua de sinais estiver sendo ignorada. Ao menosprezar o contato da criança surda com a língua de sinais, também se dificultará a construção de uma base sólida para que ela adquira e desenvolva a língua portuguesa, o que acaba gerando frustração para a criança quando ela não consegue aprender a escrever e a ler textos. Nesses casos, a família utiliza sinais combinados para poder se comunicar com a criança quanto a coisas básicas, como: se alimentar, tomar banho, etc.

Porém, quando a criança vai para a escola, nesse caso, ela já deve estar com quatro ou cinco anos de idade, o que significa pelo menos meia década de privação linguística. Segundo Globo News (2012), uma comunicação deficitária dos alunos surdos com colegas e professores desde o início da vida escolar pode ocasionar problemas comportamentais e psicológicos, como, por exemplo: isolamento, distúrbio de personalidade e sensação de inadequação ao meio social.

> A escola, que nesse momento parece uma solução, acaba virando uma frustração para a criança, visto que a escrita portuguesa pertence a outra modalidade de língua (oral-auditiva) e a criança está acostumada a usar sinais combinados com seus pais, que são de modalidade visuoespacial; isto é, não tem como a criança correlacionar as duas modalidades sem uma base forte em língua de sinais que ela já deveria ter adquirido em primazia.

De acordo com Globo News (2012), "A língua materna, de sinais, é que deve servir de ponte para a introdução do português. Mas, como as crianças demoram a aprender Libras, ela tem sido uma ponte quebrada".

Caso você se depare com um exemplo desses em sua sala de aula, não pense duas vezes e utilize a língua de sinais como forma de se aproximar da criança e proporcionar o vislumbre de um novo mundo que se abre a partir daquele momento. Contudo, é importante ter ciência de que a escola é apenas um dos locais que a criança deve usar como fonte de aquisição e desenvolvimento da linguagem.

Para uma boa resposta no processo de aquisição, sendo um caso de início precoce ou de início tardio, é essencial que a criança tenha contato com adultos fluentes na língua de sinais, o que irá proporcionar momentos de aprendizado únicos, com pessoas que realmente dominam o sistema linguístico que ela ainda está começando a entender. Esse tipo de estratégia possibilita recuperar a criança de forma mais rápida do que quando ela aprende a língua de sinais somente na escola.

A criança surda precisa ser bombardeada por estímulos (*inputs*) de qualidade em língua de sinais para que consiga, assim como as crianças ouvintes (que são bombardeadas por sons diariamente), adquirir e desenvolver com qualidade e maneira saudável sua língua materna, o que ajudará no aprendizado do português escrito depois.

Link

O blog *Surdo para surdo* é uma plataforma de tutoria on-line para a comunidade surda. Para saber mais sobre a privação linguística, assista ao vídeo disponível no site do link a seguir.

https://goo.gl/GKRaVQ

Exercícios

1. No período pré-linguístico, temos um fato interessante que ocorre igualmente com todos os bebês (surdos e ouvintes). Que fato seria esse?
   a) Nesse estágio, tanto os bebês surdos quanto os ouvintes apresentam balbucio oral e manual.
   b) A capacidade latente dos bebês é acessada, favorecendo a aquisição e o desenvolvimento da linguagem.
   c) O *input* linguístico começa igual para ambos os casos.
   d) Ambos os bebês começam a associar elementos linguísticos sem distinção.
   e) Não há impacto cultural relevante que prejudique a criança no seu primeiro ano de vida.

2. O processo de aquisição da língua sinais é semelhante ao das línguas orais e pode ser dividido em períodos ou estágios. Marque a alternativa que contemple todos os períodos.
   a) Período pré-linguístico, estágio de um sinal, estágio de dois ou três sinais, estágio das múltiplas combinações e estágio de aquisição da linguagem pela criança surda.
   b) Estágio do balbucio manual, estágio pré-linguístico, estágio de um sinal, estágio latente ou da explosão de combinações e estágio das múltiplas combinações.
   c) Estágio do balbucio silábico, estágio pré-linguístico, estágio de um sinal, estágio de múltiplas combinações e estágio de aquisição da linguagem pela criança surda.
   d) Estágio do balbucio oral e manual, estágio de um sinal, sistema pronominal e estágio de múltiplas combinações.
   e) Período pré-linguístico, estágio de um sinal, estágio das primeiras combinações, estágio das múltiplas combinações e estágio de aquisição da linguagem pela criança surda.

3. O período crítico para aquisição de linguagem, segundo a teoria gerativista, inicia aos dois anos de idade e vai até a puberdade (aproximadamente 12 anos). Marque a alternativa que complementa essa afirmação.
   a) É nesse período que ocorre o estímulo-resposta no corpo da criança, isto é, trata-se de

um momento que favorece o aprendizado, vindo unicamente de *inputs* exteriores.

b) Nessa etapa, o processo associativo é mais fraco do que na fase da adolescência ou na fase adulta.

c) A puberdade seria o momento no qual a criança atingiria seu ápice, ou seja, a porta se fecharia, tornando a aquisição de linguagem mais difícil, além de dificultar que a pessoa atinja o nível linguístico de um nativo.

d) A porta se fecharia para a criança na puberdade, pois crianças são pouco sensíveis à regularidade no *input*, apresentando dificuldades em extrair padrões probabilísticos após esse período.

e) É um período em que a aprendizagem é mais sensível na criança.

4. A privação da língua pode ocasionar alguns sintomas clínicos na criança e, posteriormente, no adulto que ela irá se tornar. Que tipo de sintomas seriam esses?

a) Pobreza de estímulos (*input*) e sotaque linguístico na realização de sentenças.

b) Isolamento, depressão, distúrbio de personalidade e sensação de inadequação ao meio social.

c) Pânico social, atraso no aprendizado e falta do uso de estratégias linguísticas.

d) Falta de concordância no uso de sinais e supressão do sujeito na realização de frases.

e) Privação linguística, problemas comportamentais e empilhamento de sinais na criação de frases.

5. No ensino e aprendizado do português como L2 para crianças surdas, o que podemos destacar como um conjunto de principais problemáticas?

a) Problemas de leitura devido à diferença entre as modalidades das duas línguas (oral-auditiva e gesto-visual), o que poderia ser amenizado com uma revisão das produções literárias, próprias da comunidade surda, ajudando a tornar mais eficiente e eficaz o processo de aquisição e de desenvolvimento da linguagem para as crianças surdas tanto na aquisição da Libras quanto do aprendizado da L2 (português escrito).

b) Filosofia educacional ultrapassada, necessitando de reformulações com urgência.

c) Problemas relacionados à inclusão de pessoas com deficiência auditiva e surdas dentro do ambiente escolar.

d) Português escrito e língua de sinais são línguas de modalidades distintas, tornando o ensino-aprendizado da escrita portuguesa como L2 um desafio, que poderia ser facilitado se a criança surda também aprendesse a escrita de sinais para ser utilizada como suporte ao aprendizado do português escrito como L2. Além disso, também temos a falta de preparo dos professores e problemas na estratégia metodológica adotada pelas escolas.

e) Legislação própria da comunidade surda que precisa ser atualizada.

Referências

CHAVES, G. M.; ROSA, E. F. O português na modalidade escrita como segunda língua para surdos: um estudo sobre o uso dos conectivos. *UOX: Revista Acadêmica de Letras*, Florianópolis, n. 2, p. 18-30, 2014. Disponível em: <http://revistauox.paginas.ufsc.br/files/2014/12/2-portugues-modalidade-escrita.pdf>. Acesso em: 5 abr. 2018.

GLOBO NEWS. *Prof. Fernando Capovilla defende escolas específicas bilíngues para crianças surdas*. Entrevista publicada em: 23 set. 2012. Disponível em: <http://www.youtube.com/watch?v=HHNLnhEJehs>. Acesso em: 2 mar. 2018.

GUARINELLO, A. C. *O papel do outro na escrita de sujeitos surdos*. São Paulo: Plexus, 2007. 150 p.

QUADROS, R. M. *Educação de surdos*: a aquisição da linguagem. Porto Alegre: Artes Médicas, 1997. 126 p.

QUADROS, R. M.; CRUZ, C. R. Aquisição e desenvolvimento da linguagem na criança surda. In: QUADROS, R. M.; CRUZ, C. R. (Orgs.). *Língua de sinais*: instrumentos de avaliação. Porto Alegre: Artmed, 2011. p. 15-25.

Leituras recomendadas

ARANHA, M. L. A.; MARTINS, M. H. P. As meninas-lobo. In: ARANHA, M. L. A.; MARTINS, M. H. P. *Filosofando*: introdução à filosofia. São Paulo: Moderna, 1986, p. 2.

CRUZ, C. R. *Consciência fonológica na Língua de Sinais Brasileira (Libras) em crianças e adolescentes surdos com início da aquisição da primeira língua (Libras) precoce ou tardio*. 2016. 207 f. Tese (Doutorado em Letras)- Universidade Federal do Rio Grande do Sul, Porto Alegre, 2016. Disponível em: <http://www.lume.ufrgs.br/handle/10183/142610>. Acesso em: 5 abr. 2018.

FINGER, I. A aquisição da linguagem na perspectiva behaviorista. In: QUADROS, R. M.; FINGER, I. (Orgs.). *Teorias de aquisição da linguagem*. Florianópolis: UFSC, 2008. p. 7-24.

FINGER, I. A abordagem conexionista de aquisição da linguagem. In: QUADROS, R. M.; FINGER, I. (Orgs.). *Teorias de aquisição da linguagem*. Florianópolis: UFSC, 2008. p. 70-82.

KARNOPP, L. B. Aspectos da aquisição de línguas de sinais por crianças surdas. *Estudos linguísticos e literários*, Salvador, n. 44, p. 281-299, jul.-dez. 2011. Disponível em: <https://portalseer.ufba.br/index.php/estudos/issue/download/1089/3>. Acesso em: 5 abr. 2018.

QUADROS, R. M. O paradigma gerativista e a aquisição da linguagem. In: QUADROS, R. M.; FINGER, I. (Orgs.). *Teorias de aquisição da linguagem*. Florianópolis: UFSC, 2008. p. 25-48

REVISTA ENTREPALAVRAS. *O xadrez e Saussure*. Publicado em: 21 out. 2014. Disponível em: <https://www.youtube.com/watch?v=DdxZ11m78f0>. Acesso em: 4 mar. 2018.